緑あふれる校庭づくり

# 芝生への挑戦

日本のグラウンドは
まるで砂漠だ！

ナカニシヤ出版

巻頭言

# 「芝生への挑戦」

京都市長 門川大作

　青々として、柔らかそうな緑のじゅうたん。思わず私はその芝生の上に大の字になって寝転びました。芝生の感触が体中に感じられ、市長就任以来の厳しい仕事の日々が癒され、元気をいただきます。

　昨年9月、東総合支援学校に到着するやいなや、細見吉郎副市長と芝生の校庭を見に行きました。まもなく始まる完成式を控えて皆さんがお待ちになっていましたが、まずは芝生の校庭を見たかったのです。

　細見吉郎氏をはじめとする京都経済同友会の方々が教育長室に私を尋ねて来られ、「市民ぐるみで学校の芝生を育てたい。そして、子どもの心を育てましょう。」と熱っぽく語られたのは、もう8年前のことになります。

　常に私共行政担当者は多くの要望をいただきますが、私＝要望する人、行政＝実行する人ということが多々あります。しかし、芝生スクール京都の皆さんは、自ら主体的にお金を集め、共に汗をかき、校庭を芝生化する組織を作られ、行動されようとしていました。これこそまさに地域主権時代の自治ではないか、そして、まちづくり・人づくりのモデルなのではないか、と感動し、NPO法人芝生スクール京都の発足の時、私も入会させていただきました。

　校庭の芝生化事業は着実に進み、9校まで広がりました。子どもたちはもとより、地域やPTA、教職員、何より芝生スクール京都の皆さんと感動を共有したいと、全ての学校のタネまき式や完成式に参加してきました。

　他都市で芝生の校庭が完成しても維持できないというお話も聞きます。しかし、京都市では、技術面においても芝生スクール京都の方々が熱心に研究され、土壌改良を行ったグラウンドに適切な品種を播種し、維持管理する方法を確立されました。また、学校ごとの自主的な維持管理についてもアシストしていただいているため、芝生が生き生きしてきています。頭の下がる思いです。

　京都市では、親や地域等の代表が学校運営に参画する学校運営協議会の設置を全国に先駆けて推進しています。これは、家庭・地域の声を学校に反映させるだけでなく、子ども達のより良い学び、育ちのため、地域ぐるみで課題や行動を共有することにつながり、人づくり・まちづくりへと発展するものであり、全国から高く評価されています。

　芝生スクール京都の皆さんによる校庭芝生化の事業は、このような教育改革の質を高め広めていくうえでも重要な取組であります。地域・PTAが美しい校庭を自ら守り育てる活動や組織、それを支える熱意と行動こそが市民ぐるみの教育改革を進めていく原動力と

なり、こうした取組が学校を核とした地域コミュニティを確固としたものに成長させていくのではないでしょうか。

西総合支援学校では、校庭芝生化の取組を進める中で、地域・ＰＴＡ・教職員が一体となって、全国の総合支援学校で初めて学校運営協議会を設置し、コミュニティスクールとなりました。また、鳴滝総合支援学校では、芝生づくりが障害をもつ子どもたちの職業教育にも役立つと教職員・生徒・ＰＴＡが一丸となって芝生化に取り組まれました。

こうして、教育環境の整備から学校運営の在り方を考える段階へ、さらに教育実践の在り方を論じ実践する段階へと進化してきたのです。これは学校の教職員の努力もありますが、地域、PTA、経済界の皆さんをはじめ多くの市民の方々の参画の賜物であります。

こうした取組を中央教育審議会や内閣の教育再生会議でも報告し、全国から羨望を浴びてきました。そうした中で、京都市長選挙へ立候補するよう要請があり、皆さんの熱い応援を頂戴して厳しい選挙を勝ち抜き、市長に就任いたしました。

私は、市長として、地域主権時代のモデルとなる京都市を創っていきたいと考えており、そのためには、あらゆる市民の方々が京都市政に参画していただき、共に汗をかいて未来の京都づくりを進めていきたいと考えています。それが「共汗」です。

「共汗」をさらに進めるため、私を力強くアシストしていただくスタッフが必要でした。私の頭には、市民ぐるみで教育改革を進めてきた校庭芝生化の取組に強い印象があったので、その中心的存在であった細見さんに副市長への就任を何度も何度もお願いして、市会の同意のもとに副市長になっていただきました。芝生スクールの取組は市政改革へと進化しました。

新たな取組は決して容易ではなく、市長就任以来、御支援いただいた多くの方々には本当に頭が下がる思いですが、今後とも京都市の子ども達の未来のために御支援をお願いいたします。

さて、再び東総合支援学校の芝生の完成式です。

校庭でのテープカットが終わって、生徒の皆さんもふかふかの芝生のじゅうたんの中に入りました。走り回る子、寝転ぶ子、車椅子を押してもらいながら歓声を挙げる子、その時の子ども達の顔も教職員、PTA、芝生スクール京都の皆さんの顔も笑顔でいっぱいでした。

やっぱり芝生はすばらしい。感謝、感謝です。

# 応援メッセージ

財団法人日本サッカー協会

名誉会長 川淵三郎

　第1期のモデル校となった嵯峨野小学校から6年、既に京都市内に9つもの芝生の施設が誕生しました。学校や行政、地域の理解を得ることから始まり、夏の猛暑、厳寒の冬という京都特有の気象条件の中で芝生を育て維持していくのは並々ならぬ苦労があったと拝察します。しかし、元気いっぱいに駆け回る子どもたちの姿を見れば、そのご苦労も消え去るのではないでしょうか。本書はまさに、芝生の校庭づくりと維持管理に携わった皆さんの汗と涙、そして喜びの結晶と言えるでしょう。

　近年、子どもたちを取り巻く環境は大きく変化しています。未来を担う子どもたちは社会の宝。しかし、外遊びが減ったことで体力不足・筋力の低下・低体温、子どものうちから腰痛や肩こりを訴える学年齢期運動不足症候群、あるいは、一定の姿勢を保てない、集中力がない、すぐにキレるなど、情緒面で問題を抱える子どもも増加してきました。また、その一方で学力の低下を危惧する声が高くなっており、塾通いで遊ぶ時間さえ持てない子どもが増えているという現状もあります。

　勉強に必要な集中力や持久力はきちんとした姿勢を維持できる体力・筋力があって初めて保てるもの。運動や四肢を使うことで知能が発達し、遊びやスポーツを通じて様々な経験を積むことで、思いやりや協調性といった豊かな人間性や社会性が育まれていくのです。そういった経験が現代に生きる子どもには必要不可欠であることはいうまでもなく、そのきっかけや環境を与えてあげることが我々大人に課せられた使命だと考えます。

　本誌にも詳しく記載されていますが、芝生の校庭や広場があれば、みんなそこに集まって駆けっこをしたり、でんぐり返しをしたり、あるいは寝転がってお喋りしたりなど、楽しい時間を過ごせます。体を動かすことで食欲も湧き、よく眠り、規則的な生活が維持できます。

　高齢者も同様です。海外のスポーツクラブなどに行くと、スポーツに興じるシニアプレーヤーが大勢います。スポーツをしない人も子どもたちのプレーを楽しそうに見守り、未来の代表選手に思いを馳せたり、サッカー談義に花を咲かせて楽しんでいる姿を見かけます。例え車椅子でも、芝生の広場があれば外に出たくなるでしょう。その意欲こそが健康である秘訣ですし、また、外出することで若い人たちと接する機会も増え、生活に活気が生まれるのです。

　東京のある小学校では、校庭を芝生にしたら、歩行器を使ってしか歩かなかった児童が自らの足で歩き、仲間たちと芝生の感触を楽しんだといいます。また、九州のある芝生の小学校

では長年にわたって学校区の住民総出の運動会を開催しており、幼稚園児から90代のお年寄りまで大勢の人が参加し、コミュニティーの絆を深める格好の場となっています。芝生を取り巻く感動的な話は枚挙に暇がなく、芝生の持つ魔力とパワーを感じずにはいられません。

ここ十数年、校庭の芝生化に対する意識が高まっています。「芝生スクール京都」をはじめ、東京都でも公立の小中学校の校庭を芝生にする計画が進んでおり、非常に喜ぶべきことだと思っています。日本は一つ良い事例をつくると一気呵成に進む傾向にありますので、この機運を盛り上げるべく、日本サッカー協会（JFA）としてもその一翼を担いたいと考えています。

JFAは2002 FIFAワールドカップの記念事業を引き継ぐ形で『キャプテンズ・ミッション』に「グリーンプロジェクト」を新たに加えました。各都道府県のフットボールセンターの整備のほか、芝生の育て方や維持・管理方法の情報を提供するとともに、専門家を派遣したり、JFAのネットワークを通じて広く世間にPRするなど、芝生拡大に努めていきたいと考えています。

芝生の校庭は簡単に実現できることではなく、また完成してもそれを維持していくのは並大抵のことではありません。その土地の気候や環境によっても異なるため手法も多様であり、どれだけ多くの経験と実績を示していけるかがカギとなるでしょう。

本書は、まさに芝生化を進める多くの人々にとって有益なノウハウや有意義な情報が満載された"芝生の参考書"。しかし、専門書にありがちな難解なものではなく、誰もが興味深く読める内容となっています。芝生の育成で一番大切なのは、愛情と夢を持って取り組む人がどれだけいるかということ。本書を読んだ方が大きな感銘を受け、校庭の芝生化、ひいては子どもたちの健全な育成やこれからのコミュニティーのあり方に関心を持ってくれることを祈らずにはいられません。

芝生の広場はその国の豊かさやスポーツのレベルを表す指標とも言えます。日本中に緑の芝生が増えることで国民が健康で豊かな生活を送れるよう、この動きをもっともっと大きなものにしていきたいと願っています。

最後になりますが、校庭の芝生化を推し進めているNPO法人芝生スクール京都をはじめ、芝生化に尽力されている多くの方々に心から敬意を表したいと思います。

芝生への挑戦－緑あふれる校庭づくり

# はじめに

　いじめ、不登校、学級崩壊、校内暴力……。小中学校におけるこうした問題がマスコミを騒がせるにつけ、子供たちを取り巻く教育環境が決して十分なものではなく、その解決を何ら持ち得ないことを思い知らされます。そうした中、2001年の夏に京都経済同友会海外視察団のメンバーは、北欧産業視察の合間にふと印象深い光景を目にしました。緑あざやかな芝生の校庭で無邪気にボールを追う少年たちの元気な姿と屈託の無い笑顔、一同は日本の10年先を行くといわれる環境・福祉の先進国の落ち着いた教育現場を見せられた思いでした。

　それに比べ、帰国の機中から見た日本の学校グランドは、全て白っぽく見えて一目瞭然。「まるで砂漠だ。これでは子どもたちの心も乾く。京都の学校も芝生に！」と立ち上がった視察団のメンバーは、直ちにNPO「芝生スクール京都」を設立し、多くの市民会員参加のもと、翌2002年の秋には京都市立嵯峨野小学校の校庭の芝生化完成式を迎えました。その後、今日まで小学校・フリースクール・支援学校・幼稚園など9校の校庭芝生の造成と管理に携わってきました。

　私たちは立ち上げ当初から、種子の開発とサッカー場の造成に実績のあるタキイ種苗（株）、競馬場のターフ管理を手がける城南工建（株）、ゴルフ場グリーンキーパー暦40年の技術者など、芝生育成の専門家を技術会員に迎え万全を期してきました。しかし、サッカー場や競馬場・ゴルフ場とは質の異なる校庭芝生化特有の問題に直面し、苦闘を余儀なくされてきました。これら種々の問題点と試行錯誤の成果をまとめた「芝生への挑戦」が、いま校庭芝生化に取り組んでいる人々やこれから取り組む予定の人々に、お役に立つことを願って本書の発行を計画しました。

　本書は、私たち「芝生スクール京都」会員の活動の中で得た芝草の種類など、基礎知識から造成の技術や専門用語・機器の解説まで、芝生化の全てを網羅した実践記録です。初心者からある程度熟練した関係者まで幅広い層の参考書として、日本の校庭芝生化の広がりにつながれば幸いです。

　　　　　特定非営利活動法人「芝生スクール京都」

# もくじ

巻頭言　　　　　　京都市長　門川大作 …………………………… iii
応援メッセージ　　財団法人日本サッカー協会名誉会長　川淵三郎 ‥ v
はじめに　　　　　NPO 芝生スクール京都 …………………………… vii

## 第1章　京都市での校庭芝生化への取り組み

1．こうして芝生化は始まった ……………………………………… 2
2．NPO 芝生スクール京都の生い立ちと歩み …………………… 3
3．校庭芝生化で直面した課題 ……………………………………… 6
　　(1) モデル校の選定と芝生育成条件　6
　　(2) 芝生の選定と造成法　6
　　　　1) 第1モデル校での教訓　7
　　　　2) 第2モデル校での教訓　8
　　　　3) 第3モデル校での教訓　9
　　　　4) その他のモデル校での教訓　10
　　(3) 維持管理を支えるボランティア体制　10

## 第2章　芝生の効果と効用
### 子どもたちの目の色が変わります

1．心身の健康に関する効果 ………………………………………… 112
　　(1) 豊かな情操を育みます　12
　　(2) 体力が向上します　12
　　(3) 病気を予防します　13
　　(4) 怪我の不安を取り除きます　13
2．教育活動に関する効果 …………………………………………… 13
　　(1) 環境教育や社会教育の生きた教材となります　13
　　(2) 学校行事や体育指導が活発になります　14
　　(3) スポーツ技術が向上します　15
3．教育環境に関する効果 …………………………………………… 15
　　(1) 砂塵の飛散・表土の流亡を防止します　15
　　(2) 雨水の浸透性を向上させ、ぬかるみを解消します　15
　　(3) 照り返しを抑制します　16

　　　　　(4) 音の反射を抑えて騒音を緩和します　16
　　　　　(5) 景観を美しく整え、自慢できる校庭にします　17
　　4．地域社会との交流が深まります ……………………………………… 17
　　　　　(1) 地域行事を開催する場になります　17
　　　　　(2) ボランティアの人たちが集まってきます　18
　　　　　(3) 集団活動をとおして協調性が育まれます　18

## 第3章　実現に必要な条件整備
### どんな条件と準備が必要なの？

　　1．適正収容力と利用法 ………………………………………………… 20
　　　　　(1) 児童・生徒数と面積が鍵を握ります　20
　　　　　(2) 芝生をつくるために最低限必要な条件　21
　　　　　(3) 芝生は生長もし、磨耗もします　21
　　2．予算と工期 …………………………………………………………… 22
　　　　　(1) 最初の投資がその後の命運を決めます　22
　　　　　(2) 概算費用と工事期間　22
　　　　　(3) 学校の夏休み・春休みを活用します　23
　　3．支援体制 ……………………………………………………………… 23
　　　　　(1) 地域社会との協調を軸に展開しましょう　23
　　　　　(2) ボランティアとリーダーの育成は欠かせません　24

## 第4章　芝草の選定のための条件
### 環境に適した芝生を選ぼう

　　1．環境条件の確認 ……………………………………………………… 26
　　　　　(1) 気候条件はどうですか　26
　　　　　　　1) 温度　26
　　　　　　　2) 日光　28
　　　　　　　3) 水分　30
　　　　　(2) 芝生が育ちやすい土ですか　31
　　2．校庭芝生に適した芝草の選定 ……………………………………… 33
　　　　　(1) 気候にあった草種は　33
　　　　　(2) 人為的ストレス耐性　33
　　　　　(3) 利用のしかたで選ぶ　36
　　　　　(4) 求める芝質と管理のしかたを基準にする選定　36
　　　　　(5) 校庭によく使用される芝生を比較すると　38

## 第5章 校庭芝生の造成に向けて

1. 種子・張芝・苗芝の準備 ……………………………………… 40
    - (1) 種子の準備　40
    - (2) 張芝・苗芝の準備　40
2. 床土の準備 ……………………………………………………… 41
    - (1) 土壌の三相分布（気相、液相、固相）　41
    - (2) 芝生に適した土壌の種類　42
    - (3) 土壌基盤と排水　42
    - (4) 土壌改良材の種類と使用量　45
3. 種子播きの手順 ………………………………………………… 46
    - (1) 播種期の決定　46
    - (2) 播種量の決定　46
    - (3) 播種法　48
    - (4) 覆土・鎮圧　49
    - (5) 潅水　49
    - (6) 施肥　49
4. 張芝による造成 ………………………………………………… 50
    - (1) 張芝の方法　50
    - (2) 張芝の時期　51
    - (3) 張芝施工後の手入れ　51
    - (4) 潅水　52
    - (5) 施肥　52
    - (6) 校庭芝生への張芝導入の問題点　52
5. 播き芝による造成 ……………………………………………… 53
    - (1) 播き芝の方法　53
    - (2) 播き芝の時期　54
    - (3) 潅水　54
    - (4) 施肥　54

## 第6章 維持・管理に必要な作業と知識
### みんなが言うほど難しくない手入れ

1. 刈り込み ………………………………………………………… 56
    - (1) 刈り込み時期　56
    - (2) 刈り込み頻度　56
    - (3) 刈り高　57
2. 芝刈機の種類 …………………………………………………… 58
    - (1) リール式　58
    - (2) ロータリー式　58

　　　　（3）フレール式　　58
　　　　（4）肩掛け式刈払い機　　59
　　　　（5）手動芝刈り機　　59
　　3．肥料 …………………………………………………………………… 59
　　　　（1）芝草に必要な養分　　60
　　　　（2）肥料の種類　　62
　　　　（3）施肥量と施肥時期　　62
　　4．目土 …………………………………………………………………… 63
　　　　（1）目土の目的と意義　　64
　　　　（2）目土の施用方法　　64
　　　　（3）目土の施用時期　　65
　　5．潅水 …………………………………………………………………… 66
　　　　（1）潅水の時期　　66
　　　　（2）潅水の量　　66
　　　　（3）潅水の方法　　67
　　6．サッチの集積と除去 ………………………………………………… 67

## 第7章　芝生の品質を高める技術
### サッカー場のピッチとまではいかないまでも

　　1．芝生の更新 …………………………………………………………… 70
　　　　（1）土壌硬度と改善の目安　　70
　　　　（2）通気（エアレーション）　　70
　　2．オーバーシーディング ……………………………………………… 73
　　　　（1）オーバーシーディングの意義　　73
　　　　（2）オーバーシーディング用芝草の条件　　74
　　　　（3）オーバーシーディング用適性草種　　74
　　　　（4）暖地型芝草へのウインターオーバーシーディング　　74
　　　　（5）寒地型芝草へのオーバーシーディング　　76
　　　　（6）ウインターオーバーシーディングの手順　　76
　　3．補修（補植） ………………………………………………………… 79

## 基礎編I　芝生の効用

　　1．心と体のやすらぎ …………………………………………………… 82
　　　　（1）観賞効用　　82
　　　　（2）生活効用　　82
　　　　（3）保健効用　　83
　　　　（4）休養効用　　83
　　　　（5）運動効用　　83

2．環境保全 …………………………………………………………… 84
    (1) 大気の浄化　84
    (2) 地表面の保護　84
    (3) 都市の高温化（ヒートアイランド現象）の緩和　85

## 基礎編2　芝生の定義

1．芝生とはなにか …………………………………………………… 88
2．芝生の適応条件 …………………………………………………… 88
3．芝生の種類 ………………………………………………………… 89
    (1) 校庭　89
    (2) 公園　89
    (3) スポーツ競技場　90
    (4) 庭園・家庭　90
    (5) 屋上　91
    (6) ペットガーデン　91
    (7) ゴルフ場　92
    (8) パークゴルフ場・グラウンドゴルフ場　94
    (9) 競馬場　94

## 基礎編3　芝草の種類と形状

1．暖地型芝草（夏芝） ……………………………………………… 96
    (1) シバ類　96
    (2) バミューダグラス類　98
    (3) センチピードグラス　99
    (4) バヒアグラス　100
    (5) カーペットグラス　101
    (6) セントオーガスチングラス　101
2．寒地型芝草（冬芝） ……………………………………………… 102
    (1) ベントグラス類　102
    (2) ブルーグラス類　106
    (3) ライグラス類　108
    (4) フェスク類　110

## 基礎編4　芝生の雑草と防除

1．主要雑草と発生消長 ……………………………………………… 116
2．雑草防除 …………………………………………………………… 116

## 基礎編5 芝生を病虫害から守る

1. 病気にかからないために …………………………………… 120
2. 虫から守るには ……………………………………………… 125
3. エンドファイトによる病虫害対策 ………………………… 126

## 基礎編6 芝草の評価法

1. 芝生の適性と気候区分 ……………………………………… 130
2. ＮＴＥＰについて …………………………………………… 130
3. ＮＴＥＰの試験区画と草種の配置 ………………………… 130
4. 主要形質の評価方法 ………………………………………… 131

## 資料編1 校庭芝生化の事例──京都の実例から

1. 第1モデル校　京都市立嵯峨野小学校 …………………… 134
2. 第2モデル校　京都市立西陣中央小学校 ………………… 137
3. 第3モデル校　京都市教育相談総合センター(こどもパトナ・洛風中学校)‥ 140
4. 第4モデル校　京都市立横大路小学校 …………………… 143
5. 第5モデル校　京都市立西総合支援学校 ………………… 146
6. 第6モデル校　京都市立百々小学校 ……………………… 148
7. 第7モデル校　京都市立伏見南浜幼稚園 ………………… 150
8. 第8モデル校　京都市立鳴滝総合支援学校 ……………… 152
9. 第9モデル校　京都市立東総合支援学校 ………………… 154
10. 維持管理受託事業〈第1号〉衣笠幼稚園・保育園・児童館 …… 156
11. 維持管理受託事業〈第2号〉大丸京都店屋上芝生広場 ……… 159

## 資料編2 NPO芝生スクール京都方式維持管理マニュアル

校庭芝生の一年間 ……………………………………………… 162

用語解説　166
参考文献
筆者を代表して
あとがき

# 第1章

# 京都市での校庭芝生化への取り組み

1996年当時、Ｊリーグ川淵チェアマンは「日本がワールドカップで決勝を争うようになるためには、小さい頃から芝生に慣れ親しまなければならない。小学校グラウンドを芝生にしよう。」とＪリーグ100年構想の中で熱く提唱されていました。ちょうどその頃、九州で開かれた中学校の国際交流ラグビー試合では、英国の生徒が土のグラウンドに出て「ここでやるの？」と尻込みしたと言います。それを伝え聞いた大人たちは、みな本当の豊かさの意味を考えるようになりました。児童・生徒の運動不足や体力の低下、情緒不安定、そして地球温暖化が社会問題となっている折から、安全で子供の動きが変わるばかりでなく、さらにヒーリング効果や環境上の効果も期待できる校庭の芝生化は、明日の日本の豊かさの象徴になるのかも知れないと……。

# 1 こうして校庭の芝生化は始まった

爽やかな大気、抜けるような青空……。2001年8月末、京都経済同友会北欧視察団が目的地に向かうバスの中で、突然ざわめきが上がりました。「あれは何だろう」「ゴルフ場かな?」「いや、こんな町中にゴルフ場がある筈がない」。バスを止めて確認すると、何とそれは学校のグラウンドだったのです。

オスロにて

北欧の学校

バスの移動の合間に車窓から見た、北欧の全ての学校のグラウンドの鮮やかな緑に一行は驚嘆しました。「北欧に比べ、日本の学校のグラウンドはまるで砂漠だ。これでは子どもたちの心も乾く。」という思いが大きくなっていきました。振り返れば、私たち昭和世代の大人たちは土の校庭の経験しかなく、これまで何の疑問も持たずに、それが当たり前の環境として受け入れてきました。しかし、目にも鮮やかな芝生の校庭を見るにつけ、それは一つの解決策の糸口ように映りました。「京都の小学校の校庭を芝生化しよう!」誰からともなく声が上がり、それがメンバーの合言葉になっていきました。

COP3で採択された京都議定書の精神からいっても、京都の学校グラウンドを緑の潤いで満たすことは環境の負荷低減にもつながり、本当に意義深いものだと感じました。9月には、「校庭芝生化プロジェクト委員会」を発足させ予備調査に入りました。千葉県の平賀小学校、指宿の池田小学校、神戸の成徳小学校など芝生実施校での調査結果では、教育上でもより大きな効果も確認されてプロジェクトは本格化していきました。

北欧での写真

ヘルシンキの学校

## 2　NPO「芝生スクール京都」の生い立ちと歩み

　校庭芝生化プロジェクト委員会は直ちに財源の確保に走る一方、京都市教育委員会・学校・地域住民との折衝を重ね、さらに芝生造成の専門家やボランティアを募るなど造成管理体制の確立を進めていきました。その傍ら、校庭芝生化プロジェクト委員会を発起人として、特定非営利活動法人（NPO）の申請を行っていましたが、2002年8月19日に認証され、晴れて賛助会員253、活動会員28名、賛助金総額約4,000万円（最終約7,500万円）の規模でNPO「芝生スクール京都」が正式に発足する運びとなりました。

　それと同時に進行していた京都市立嵯峨野小学校の校庭芝生化もすすみ、北欧視察より帰国後ちょうど1年の2002年9月2日に、早くも京都市初の芝生モデル校が誕生しました。

　それ以後今日まで、京都市立西陣中央小学校、京都市立教育相談総合センター、京都市立横大路小学校、京都市立西総合支援学校、京都市立百々小学校、京都市立伏見南浜幼稚園、京都市立鳴滝支援学校、京都市立東総合支援学校の9校の校庭芝生化に携わり、これとは別に私立衣笠幼稚園と大丸京都店屋上芝生広場の芝生維持管理を受託してきました。

「芝生スクール京都」のシンボルマークは京都に縁の深いデザイナー松永真さんのご協力によるものです。一つの芝生校から次へと、運動の輪の∞（無限）の広がりをモチーフにしたものです。

# NPO「芝生スクール京都」活動の歩み

(児童・生徒数は2008年9月現在)

## NPO「芝生スクール京都」施工

**(第1モデル校)**
**京都市立嵯峨野小学校**
児童数 790 人、校庭面積 1,850㎡
コウライシバ、張芝、自動灌水、表面排水
2002 年 9 月 2 日完成

**(第4モデル校)**
**京都市立横大路小学校**
児童数 187 人、校庭面積　900㎡
バミューダグラス、ケンタッキーブルーグラス、ペレニアルライグラス混合種子播き、自動灌水、暗渠＋表面排水
2004 年 7 月 7 日完成

**(第2モデル校)**
**京都市立西陣中央小学校**
児童数 557 人、校庭面積 1,940㎡(現在 220㎡)
ティフトン 419、張芝、自動灌水、暗渠＋表面排水
2003 年 8 月 27 日完成

**(第5モデル校)**
**京都市立西総合支援学校**
児童・生徒数 168 人、校庭面積 1,600㎡(現在 2,300㎡)
バミューダグラス種子播き、自動灌水、表面排水
2005 年 8 月 30 日完成

**(第3モデル校)**
**京都市立教育相談総合センター**
**(こどもパトナ・洛風中学校)**
児童・生徒数約 90 人、校庭面積 1,480㎡
バミューダグラス、ケンタッキーブルーグラス混合種子播き、自動灌水、表面排水　2003 年 10 月 5 日完成

## 京都市教育委員会施工

（第6モデル校）
### 京都市立百々小学校
児童数651人、校庭面積1,150㎡
バミューダグラス、ケンタッキーブルーグラス混合種子播き・人工土壌育成張芝、自動潅水、表面排水
2006年11月18日完成

（第8モデル校）
### 京都市立鳴滝総合支援学校
児童・生徒数57人、校庭面積1,070㎡
バミューダグラス種子播き、自動潅水、表面排水
2007年8月31日完成

（第7モデル校）
### 京都市立伏見南浜幼稚園
園児数76人、園庭面積120㎡
バミューダグラス、ケンタッキーブルーグラス混合種子播き・人工土壌育成張芝、手動潅水、表面排水
2007年8月30日完成

（第9モデル校）
### 京都市立東総合支援学校
児童・生徒数138人、校庭面積1,940㎡
バミューダグラス種子播き、自動潅水、表面排水
2008年9月2日完成

## 芝生維持管理受託

### 私立衣笠幼稚園
園児数約400人、園庭面積800㎡
日本芝→ティフトン→バミューダグラス種子播き、手動＋自動潅水、表面排水

### 大丸京都店屋上広場
広場面積475㎡
寒地型芝草3種混合→バミューダグラス種子播き、手動潅水、表面排水

## 3　校庭芝生化で直面した課題

### (1) モデル校の選定と芝生育成条件

対象校の選定に当たっては、全て京都市教育委員会に委ねましたが、その基準になったのは、

1) 校長をはじめ、学校側の熱意はどうか
2) ＰＴＡはじめ、地元住民の協力は得られるか
3) 日照、水源など芝生育成条件はクリアできるか
4) 児童・生徒数1人当たりの芝生面積の大小
5) 本グラウンドのほか、サブグラウンドの有無

など、学校・施設の条件を加えてモデル校の選定を行いました。

### (2) 芝草の選定と造成法

校庭芝生化・第1モデル校の嵯峨野小学校から始まり、第2モデル校の西陣中央小学校、第3モデル校の教育相談総合センターおよび第6モデル校の百々小学校まで、芝生化の条件をさまざまに変えて、気候の変化が厳しい京都の地域特性に最適の芝草品種の研究と、スポーツターフとは条件が異なる校庭芝生の育成および維持管理の研究も追求していきました。その間、試行錯誤の連続の中で得た教訓として、これまでに再確認した事項や失敗事例などを取り上げてみました。これから実施される校庭芝生化の参考になれば幸いです。

　活動会員の悩みごと（未解決事項）

**教育委員会との連携方法は？**

芝生の維持管理をNPOが指導していく場合、受け皿となる学校・地域・PTAの組織化とその後の自立が求められますが、各学校で事情がまちまちなので、簡単にシステム化が出来にくいのが現状です。京都市教育委員会の学校運営協議会との連携は、うまくいきつつあります。京都市がかなり協力的なので、後は個々の学校の事情を踏まえ、教職員・保護者・地域との意思疎通を図ることが肝心です。

校庭に使用した張芝

## 1）第1モデル校での教訓

第1モデル校の嵯峨野小学校では、暖地型芝草の代表であるコウライシバを採用しました。児童一人ひとりの手により芝が張られ、一瞬にして校庭は緑になりました。予想のとおり夏の間は順調に推移し、9月初めの芝生完成式は見事なターフの上で行われました。しかし、10月になると多くの児童の踏圧に耐えられず芝生は枯れ上がり、損傷も激しくなりました。とくに、建物の日陰部分はほとんど裸地化してしまいました。

グラウンドが茶色に枯れてくると、子どもたちの芝生に対する労わりは極端に薄れてきます。試みに、10月に痛みの激しい日陰部分にチューイングフェスクをオーバーシーディングしたところ、際だって緑が回復してきました。また、その他の部分も翌年4月に緊急にペレニアルライグラスのオーバーシーディングを試み、冷夏の気象条件にも恵まれて鮮やかな緑の校庭を維持することができました。これらのことにより、以後はエバーグリーン維持と暖地型芝草の保護のために、オーバーシーディングの導入を決定しました。また、踏圧で固くなった芝面にはコアリングの効果が大きいことも確認しました。

過度の踏圧で禿げた芝生

---

**教訓1.**
コウライシバなどの日本芝は、損傷からの回復力が弱く、踏圧の激しい校庭にはあまり適さない（P33～38参照）。

**教訓2.**
張芝工法は児童の参加意識は高まるが、根付きと排水に問題がある（P52参照）。

**教訓3.**
児童1人当たり2.3㎡の芝生面積では踏圧に耐えられない（適正収容力15.8㎡）。

**教訓4.**
年1回以上のコアリング効果は大きい（P70参照）。

**教訓5.**
オーバーシーディングによるエバーグリーン化がベースの芝生保護のために必要。

---

### ホロ苦体験（失敗・苦労談）

**子育てと同じ愛情が……水やりのポイント**

校庭が芝生で一面になったときは、嬉しくなって水やりも頻繁によくしたものです。ところが、その水をあてにして根が深く入らず軟弱になり、結果として踏圧に弱い芝生に育ち、一瞬にして見るも無残にすり切れてしまいました。「過ぎたるは及ばざるが如し」。子どもに水をやり過ぎてひ弱に育てた苦い思い出が蘇ってきました。少し足らない位が根も深く入り丈夫になるといいますが、不足すると色が変わり勢いが衰える。その加減は一にも二にも愛情、子育てとまったく同じに思いました。（活動会員）

## 2）第2モデル校での教訓

第2モデル校の西陣中央小学校では、暖地におけるスポーツターフ主力品種であるティフトン419の張芝を採用しました。さすがにティフトン419は定着が速く、耐暑性や耐旱性、耐踏圧性が強いので夏の生育はきわめて順調でした。8月末の芝生完成式はきれいに刈り込まれた芝生の上で行われ、京都市長をはじめ皆で完成を祝いました。

しかし、秋の運動会が終わってみると、大部分の芝生は消えて無くなってしまいました。当校は児童数が多く、相当の踏圧を受けることは予想されていましたが、芝生の損傷は想定以上のものでした。原因を究明していくうち、それは芝生に欠点があるのではなく、張芝に付着していた土にあることが判りました。張芝生産地の土は粘土分が多く、過度の踏圧がかかると固い板状の土層になり、芝生の根を傷めていたのです。また、この層は透水性も悪くなることも確認できました。従って、それ以後の校庭芝生には、原則として張芝は採用しないことになりました。

固結した張芝基盤

コート種子

---

**教訓6.**
張芝工法は、張芝生産圃場の土に粘土分がある場合、踏圧で土が固まり芝生の根を傷めると同時に透水性も悪くなり、アオミドロなどの発生の原因となる。

**教訓7.**
教職員や地域住民の協力なくして維持管理は無理（当校は地域スポーツ活動などと併用したため、芝生が過度に使用された）。

**教訓8.**
サブグラウンドのない学校の芝生化は、オーバーシーディング後の養生が取り難い。

**教訓9.**
灌水(かん)の過多は、過少より芝生へのダメージが大きい（雨天調整付きスプリンクラーの必要性）。

---

### ホロ苦体験（失敗・苦労談）

**ホームグラウンドで育てたい…タネから育てる**

初めての芝生造成は、子どもたちや地域住民の一人ひとりが張芝を手にして張り付けました。校庭が一挙に緑となる感動にあわせ、自分たちが手がけたという参画効果を考えてこの方法を採用しましたが、後に思わぬ苦労をする羽目となりました。芝生の生産地は火山灰土質のところが多く、そのベースになっている土が子どもたちの踏圧によって5～10mmの硬い層と化し、排水はもとより根の生育をも遮断してしまいました。対策として度々のコアリングを余儀なくされ、目先の効果を意識し過ぎたツケの代償は大きかった。養生期間などの問題はあるが、芝生も種子播きされたホームグラウンドで伸び伸び育ちたがっているようです。（活動会員）

## 3）第3モデル校での教訓

　これまでのモデル校と異なり、第3モデル校の教育相談総合センターでは種子播きによる芝生化を試みました。使用した草種は、ティフトン419よりも芝質が優れているといわれているバミューダグラス改良種と葉色が濃く、日陰に強いケンタッキーブルーグラス改良種を混合しました。学校行事と養生期間を考え6月に種子を播きましたが、発芽・定着もスムースで完成後の芝生の状態もよく、生徒数が少ないこともあって、現在でも年間1～3回のオーバーシーディングで良質な芝生が保たれています。この事例により、以後の校庭芝生は種子播きによる造成を基本としました。なお、ここでは芝生が旺盛に生育しすぎて芝刈りが遅れることもあり、伸びすぎると軸刈りになるばかりではなく、芝刈り作業に手間がかかり大変な目にあいました。

日陰のある校庭

### 教訓 10.
種子播きによる造成は芝生の根が深く入り、土も固くなり難いため透水性もよく、校庭芝生化に最適である。

### 教訓 11.
暖地型芝草をベースとし、学校行事や夏休みを有効に芝生養生に利用するため、種子まきは6月がベストである。

### 教訓 12.
校庭芝生のベースはバミューダグラス改良種「リビエラ」が踏圧に強く、回復力も旺盛。

### 教訓 13.
芝生は伸びすぎると大変。刈り高は25～30mmが理想的。

---

**ホロ苦体験（失敗・苦労談）**

**タネの色に染まった鳥の糞**

オーバーシード時の鳥だけには悩まされます。私たちのタネまきを待っていたかのように、いろんな鳥が集まりタネを啄ばみます。高価なタネの何％かは彼らのエサ化しており、発芽が少ないと半分位やられたのかなと思ったりします。対策として、田畑でよく見かけるキラキラ光る脅しを試みてはみたが、さして効果なし。着色コーティングされたタネを播いた後、あるとき落ちていた鳥の糞がその色に染まっているのをみてガックリ。結局はシートで覆うのが最良だが、これも広い校庭を覆うのは大変です。後になって、タネを播いた直後に目土をすれば、ほとんど被害が無いことがわかりました。（活動会員）

### 4）その他のモデル校での教訓

第6モデル校の百々小学校では、当時、校舎の耐震工事が行われており、種子播きによる芝生造成は時期的に困難と判断されました。ここでは特殊な事例として、完熟した樹木のチップ（バーク）やモミガラをベースにした人工土壌で芝生を養生し、そのまま張りつける方法を採用しました。形の上では張芝ですが、児童らの踏圧による土壌の固結もなく、現在も順調に生育しています。

> **教訓 14.**
> 適期に種子播き工法ができない場合でも、別の場所での張芝養生をバークなどの人工土壌を使用することにより、土壌固結は避けられる。

### （3）維持管理を支えるボランティア体制

乾燥期における潅水はスプリンクラーで解決できたとしても、とくに夏の芝刈り作業は、今後芝生化校が増え続けた場合、その人材確保が問題となります。現段階では、地元住民や教職員、NPOの数人の犠牲的な奉仕活動によって賄えていますが、長期的に考えるならば、その体制づくりが急務だと考えています。理想的には、若い活動会員の積極参加ですが、夏の土曜日毎に続く作業に都合がつかないケースが多く、作業予定が立てにくくなっています。現状では、定年後に参加した年配者の人達に多くの労働の負荷がかかっています。芝生の維持管理を担う活動会員の強化のために、より多くの若い人の勧誘と子育てを離れた主婦の力の活用がこれからの課題となっています

ボランティア活動

# 第2章

# 芝生の効果と効用

## 子どもたちの目の色が変わります

校庭の芝生は、児童・生徒が自由に動き回れる屋外空間であり、そこにある芝生は地表面を緑の植生で覆い、子どもたちに良好な環境を提供し多様な利用効果をもたらします。ここでは、校庭芝生化によってもたらされる効果およびそれに伴う効用について述べたいと思います。

## 1 心身の健康に関する効果

### (1) 豊かな情操を育みます

潤いのある芝生の景観には癒し効果があり、児童・生徒の精神的安定に寄与します。いじめやキレる子どもの減少、異年齢児童・生徒の交流促進や、「休み時間に90％の児童が芝生の校庭で遊ぶようになった」等の報告があります。

芝生の上で遊ぶ子供たち

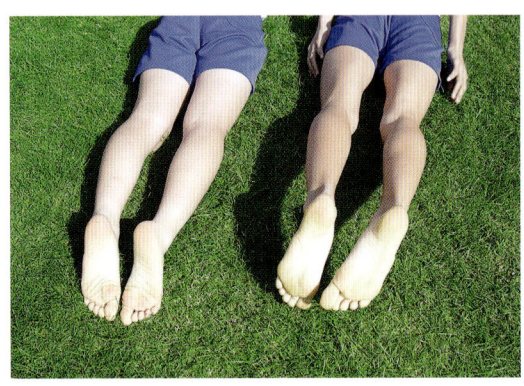

### (2) 体力が向上します

緑の乏しい空間に比べて、芝生の上では運動後の回復率も早く、持続性も高まるという実験結果が得られています。緑の芝生は目の疲れを癒し、心も穏やかになることは経験的に認められています。一面の緑の芝生を見ると、人はなぜか気分が高揚し、駆け出したくなる衝動にかられます。学年齢期運動不足症候群（児童・生徒の一日平均徒歩・背筋力指数、重心指数・50m走・持久走などの数値の低下）に見られるような、児童・生徒の体力低下に歯止めをかける効果が期待できます。

裸足で駆け出す

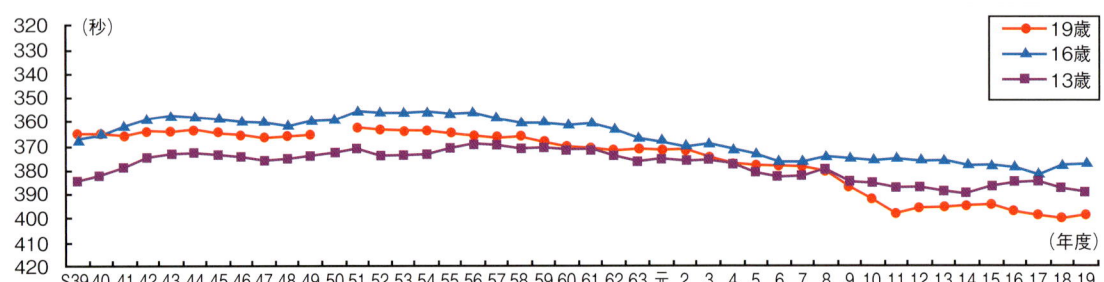

●図1　男子1,500m持久走の経年変化（出典：文部科学省「平成19年度体力・運動能力調査報告書」）

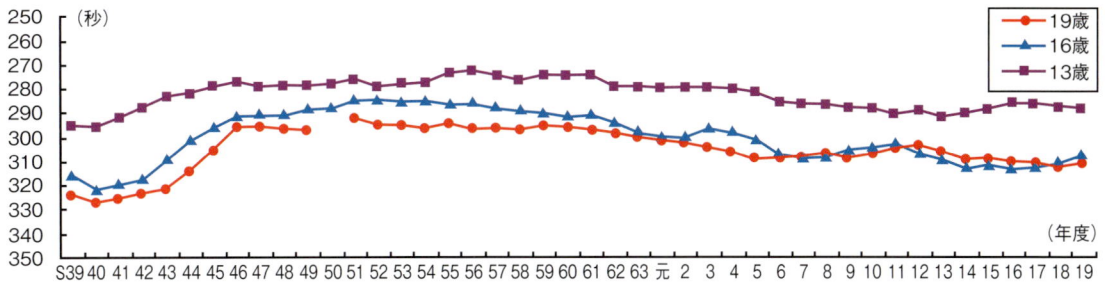

●図2　女子1,000m持久走の経年変化（出典：文部科学省「平成19年度体力・運動能力調査報告書」）

### （3）病気を予防します

　食生活の変化や運動不足などが原因で、これまでは大人の病気であった糖尿病が児童・生徒などの低年齢層にまで拡大しています。運動をしたり、裸足の足裏を芝生の茎葉で刺激することで、血糖値の低下を促す効果があると言われています。また、裸地の校庭から発生する飛砂は、目に入れば眼球を傷つけたり、トラコーマなどの眼病を起こしたりします。芝生化によって飛砂を防ぐことができれば、眼病の予防にもつながります。

### （4）怪我の不安を取り除きます

　アスファルトやコンクリート、裸地の校庭では運動時に転倒すると、すり傷や打撲などを負うことが多くなります。芝生の上では柔らかい茎葉がクッションの役目を果しますので、怪我をしにくくなります。

運動会

バランスボール

## 2　教育活動に関する効果

### （1）環境教育や社会教育の生きた教材となります

　校庭が芝生になると、児童・生徒にとってはもっとも身近な自然と接する機会になります。トンボや蝶々などの昆虫が集まり、野鳥の姿も頻繁に見かけるようになります。子ど

もたちは、命の輝きにあふれる芝生と接する中で、生きものへの「愛しみの気持ち」や身近な環境に対する「豊かな感受性」を育むことができます。また、自分たちが利用することで芝生が傷む様子を見て、自然のもろさや自然と人間との関わりについて理解を深めます。子どもたちがのびのびと芝生で遊ぶことで、多くの教育的効果をもたらします。

### (2) 学校行事や体育指導が活発になります

転んでも大怪我をしない芝生、砂埃がたたない芝生は教育活動の場として、多くの可能性を秘めています。組体操や器械体操など、これまで屋内やマット上で行っていた指導も、芝生の上でのびのびと実施することができます。また、子どもたち自身で芝生との関わり方のルールを決めて、新たな遊び方を創出できます。

カエルを発見

組体操

うさぎの運動にも利用できるランチガーデン

体育授業

## （3）スポーツ技術が向上します

　サッカーやラグビーなどの球技は、芝生の上ではボールのコントロールがしやすいだけでなく、スライディングをしても大きな怪我をしません。裸地のグラウンドより思い切ったプレーができることから、スキルアップにつながるなどの効果が期待できます。

芝生の上でのサッカー教室

# 3　教育環境に関する効果

## （1）砂塵の飛散・表土の流亡を防止します

　裸地の校庭では夏期・冬期の乾燥期には、わずかな風でも砂埃が発生します。砂が目に入ったり、衣服を汚すなど利用者にとって不快であるばかりでなく、室内に砂が入ってきたり、洗濯物を汚してしまうなど、近隣の住民に迷惑をかけることもあります。芝生で校庭が覆われていれば、飛砂の発生はほとんどなくなり、降雨による土壌の流出を防ぐことができます。

芝生の上でのお弁当

## （2）雨水の浸透性を向上させ、ぬかるみを解消します

　アスファルトの校庭や表面が固結した校庭では、降った雨が表面を流れて、一気に排水溝を溢れさせてしまうことがあります。芝生化することで雨は芝生の茎葉を伝って徐々に土壌中に浸透します。

　裸地の校庭では、降雨時には表層部分が水

 **感動体験（芝生化の効果・喜び談）**

**ホコリが無くなり誇りが生まれる**
校庭が芝生化されて砂ホコリが無くなり、教室や給食室の窓が開けられるようになりました。プールに砂がたまらないようになりました。学校近隣の住民も、洗濯物が干せるようになったと大喜びです。一方で運動会などの行事が新聞で幾度となく報じられ、大勢の学校関係者が見に来られました。やがて「うちの学校は芝生なんだ」と、子供たちはもちろん教師や地域の人々も胸を張る。学校にホコリが無くなり誇りが生まれる効果もあったのです。（某小学校）

分を多く含み、水たまりができやすくなります。この状態で校庭を使用すると、表面は一層ぬかるみ、乾燥後は凸凹ができます。芝生化により、水の浸透性も高まりますので、水たまりもできにくくなります。

雨上がりの校庭で遊ぶ子どもたち

### (3) 照り返しを抑制します

アスファルトやコンクリート、乾燥した裸地の校庭は、太陽光がまともに照り返します。芝生に覆われた校庭では、このような現象は無くなり、むしろ涼しさを感じるほどです。

### (4) 音の反射を抑えて騒音を緩和します

コンクリートの校舎に囲まれた校庭は、児童・生徒の声が反響します。集団ともなると、かなりの音圧レベルに達しますので周辺住民に迷惑をかける場合があります。芝生の茎葉は発生した音を吸収しますので、騒音緩和にも役立ちます。

照り返しの抑制も採り入れた事例

ビルに囲まれた校庭

校庭でのミーティング

芝生の校庭

16　第2章：芝生の効果と活用

### (5) 景観を美しく整え、自慢できる校庭にします

アスファルトやコンクリート、裸地の校庭は、殺ばつとした荒廃景観を呈します。芝生による緑被率増加は美観効果（自然美・調和美・色彩美）を生じ、学校のみならず周辺の居住環境改善や美しい都市環境の整備にもつながります。

## 4　地域社会との交流が深まります

### (1) 地域行事を開催する場になります

芝生の校庭は地域との交流を深めるきっかけとなります。教師や保護者、地域の住民とともに行う維持管理に参加することによって交流の輪が広がります。芝生を活用したイベントの開催などをとおして、学校・児童生徒・地域住民をつなぐコミュニティが生まれます。

芝生の上でマンドリン演奏会

ミニチュア機関車に乗る

芝生での憩いのひととき

> **感動体験**（芝生化の効果・喜び談）
>
> **狭い芝生を有効活用…野点と伝統文化**
>
> 条件を満たした校庭だけを対象にするのではなく、中庭や前庭などの僅かなスペースでも、芝生にすることで有用性が高まることがあります。西陣中央小学校の前庭（ランチガーデン）はその好例で、定期的に野点などを開催しています。（西陣中央小学校）
>
>
>
> 芝生の上で野点

## (2) ボランティアの人たちが集まってきます

　校庭の芝生化に伴い、芝生を維持管理するために企業OBの人たちなどが多数参加し、活動の中心的役割を担っている場合が沢山あります。定年退職した人たちの「生きがい」や学生などの社会貢献活動への参加の喜びを体験する場となります。

オーバーシード後の目土作業

## (3) 集団活動をとおして協調性が育まれます

　芝生の校庭では、児童たちが「じゃれ合う」ようにして遊ぶ姿をよく見かけます。教師や子どもたちとのふれあいの機会も増えます。さらに、保護者や地域の人たちと共に、児童・生徒が芝生の維持管理作業に参加することによって、集団での活動能力が高まり、協調性や社会性、公共性を養うことができます。

芝張り作業

芝生の手入れに参加する子ども

芝生の校庭でキャンプ

# 実現に必要な条件整備

どんな条件と準備が必要なの？

校庭の芝生化に当たり造成時期や造成後の養生と使用計画について、学校関係者や保護者、児童・生徒との間で十分な合意形成が必要となります。芝生を良好な状態に維持するためには、地域社会の協力やボランティアの育成が不可欠です。

# 1 適性収容力と利用法

## (1) 児童・生徒数と面積が鍵を握ります

これまで、校庭の芝生化に当たり、学校運営と芝生の造成時期、造成後の養生と校庭の使用計画について、必ずしも学校関係者やPTA、児童・生徒の間に完全な合意が得られないままに失敗した例が数多くあったことも事実です。それは、芝生の収容限度を超える過剰使用、例えば使用時間が長い、連日使用期間が長いなどによるものでした。校庭の芝生化を実現させ、永続的に成功させるためには、種々の問題点を解決しなければなりませんが、その中でも児童・生徒1人当たりの芝生面積や芝生の養生期間と教育活動との両立をはかることにあります。

表1に、わが国の公立学校の校地面積などを示しました。平成19年度の文部科学統計によれば、建物面積を除いた校地で、1校当たり校庭面積は、小学校が8,216㎡、中学校が13,551㎡、高等学校が24,193㎡となっています。児童・生徒1人当たりでは、小学校が26.3㎡、中学校が41.3㎡、高等学校が40.4㎡などとなっています。

校庭のうち、芝生化できる面積は、全国平均で児童・生徒1人当たり9〜12.6㎡といわれています。近藤らの研究によると、校庭芝生の限界収容力は7.38㎡/人、13.5人/100㎡となっています。標準収容力は11.08㎡/人、適正収容力は15.84㎡/人としており、その収容力の範囲は7.38〜15.84㎡/人と試算しています。しかし、これはあくまで一つの目安であって、その数値に満たないからといって芝生化が不可能という意味ではありません。例えば、サブグラウンドを設けたり、利用上のルールづくりを行ったりして、利用方法や管理方法を工夫することで芝生の維持は可能です。

芝生完成式後に解放された校庭

● 表1 全国の公立学校校庭面積（平成19年度　文部科学省統計）

| 区分 | 校地面積<br>（千㎡） | 建物面積<br>（千㎡） | 校庭面積<br>（千㎡） | 学校数<br>（校） | 児童生徒数<br>（人） | 1校当たり<br>校庭面積*<br>（㎡） | 1人当たり<br>校庭面積*<br>（㎡） |
|---|---|---|---|---|---|---|---|
| 小学校 | 363,464 | 190,970 | 184,197 | 22,420 | 7,011,876 | 8,216 | 26.3 |
| 中学校 | 249,511 | 119,985 | 137,768 | 10,167 | 3,332,593 | 13,551 | 41.3 |
| 高学校 | 248,457 | 162,969 | 96,480 | 3,988 | 2,386,664 | 24,193 | 40.4 |
| 特殊学校 | 17,357 | 13,161 | 5,074 | 954 | 104,293 | 5,319 | 48.7 |
| 幼稚園 | 13,369 | 7,621 | 6,732 | 5,382 | 331,222 | 1,251 | 20.3 |
| 計 | 892,157 | 494,706 | 430,251 | 42,911 | 13,166,648 | — | — |

＊校庭面積は、借用校地面積を加えたものである。

## (2) 芝生をつくるために最低限必要な条件は

芝生化を進めていく上で、対象となる校庭が芝生に適した条件を満たしているかを検証しておくことが重要です。日当たりなどの立地条件、水源の確保、芝生の生育に適した土壌などの条件をクリアした上で、学校や地域の希望と意思の確認を行います。例えば、

1) 芝生をつくる芝草は、どのような特性を持っているか
2) 芝生化された校庭を、どのような目的のためにどの程度利用するのか。そのためには、どの程度芝生化するのか
3) 学校運営との関わりにおいて、土壌改良などの造成工事、種子まきや張芝などの施工適期、芝生の養生期間を確保できるのか
4) 芝生を継続的に利用可能にするための維持管理を誰が行うのか

などを事前に確認した上で、芝生化に取り組む姿勢について、合意形成をはかることが重要です。

芝生化前の説明会

 **活動会員の悩みごと（未解決事項）**

**誰のための芝生？何のための芝生？**
学校のグラウンドは子どもたちが利用してこそ価値があります。芝生の養生を優先して利用制限期間の必要性をうたいすぎると、職員やPTAからの反発も出てきます。かといって養生しなければせっかくの芝生をダメにしてしまいます（費用の浪費にもなる）。校庭の芝生を育てるうえで、いつも頭を悩ませるのがこの問題です。しかし、答えは一つではありません。学校や地域の応援団組織との細やかなコミュニケーションが解決策を導きだしてくれると期待しています。

## (3) 芝生は生長もし、摩耗もします

芝生は環境条件や利用条件が厳しければ、広範なすり切れや裸地化を招きやすくなります。芝生は「生きもの」ですから、使用すれば傷ついたり弱ったりするのは当然です。喜びと感動を与えてくれる芝生のために、時には利用する人が少し我慢をして、使用を控えるなどの思いやりも必要です。しかし、芝生を回復するための使用制限が利用者の不満につながることもありえます。それがたびたび、または長期にわたるようであれば、子どもたちの遊び場を奪い、教育活動を阻害することにもなりかねません。それでは本末転倒です。

校庭芝生化の本来の目的は、子どもたちが

利用の多い公園の芝生

元気に身体を動かし、心身の成長に寄与することにあります。このためにも、芝生化に適した立地条件や利用条件の事前の確認はきわめて重要となります。

過度に踏圧された芝生

> **活動会員の悩みごと（未解決事項）**
>
> **芝生のレベルはどの程度？**
> 校庭芝生で年間通してグリーンをのぞむのは、面積に対して児童数が多い学校では難しいし、その必要性も無いかもしれません。最低でも夏芝が残っていればいいのだと…。冬芝をウインターオーバーシードするのはエバーグリーンというよりは夏芝を少しでも保護する意味合いにポイントがあると考えています。百々小学校は造成時の美しさと比較して、一冬使用後の痛み方にかなりショックを受けてしまったが、ある程度の傷みは仕方ないと受け入れることも必要でしょう。

## 2　予算と工期

校庭を芝生化するに当たって、造成費や維持費の制約および管理体系は十分考慮する必要があります。それに加えて、児童・生徒1人あたりの芝生面積なども考慮して、レイアウトと実施面積を決定しなければなりません。

### （1）最初の投資がその後の命運を決めます

学校や地域の要望、校庭の条件などを十分に踏まえた上で、土壌改良の方法や規模、排水や潅水設備、芝草の品種選定などを行います。いわゆる、これらの基礎工事はやり直しのきかないことが多く、校庭芝生化後の命運を決めることにもなります。とくに、専門知識を必要とする場合には、NPOや専門家などと十分協議をしながら、具体的な設計を進めるようにします。

ここで大切なのは、学校や地域が主体的に参加できる計画をつくることです。すべての作業を専門家やNPOに任せてしまうようでは、学校・地域が主体となって芝生化に取り組む意味が薄れてしまいます。種子まきや張芝、その後の維持管理など、芝生の育成に関わることで「自分たちの芝生の校庭」という意識が高まり、芝生への愛着も深まります。また、主体者らが作業に参加することで、工事のコストダウンもはかることができます。

### （2）概算費用と工事期間

工事費については、校庭の立地条件、土壌改良の方法や規模、改良資材の種類、排水設備や潅水設備の有無や器材の種類、芝生の種類や造成方法などによっても異なります。参考までに、NPO芝生スクール京都がこれまでに関与した校庭芝生化事例を、資料編（134～160ページ）に示しました。

対象となる校庭の測量や基礎的な造成工事、芝生施工（種子、張芝など）に要する期間は、一般的な規模であれば2週間～1カ月もあれば十分です。

### (3) 学校の夏休み・春休みを活用しましょう
　丈夫な芝生を育てるためには、芝生を施工してから2～3カ月の養生期間が必要です。養生期間中は、校庭の使用が制限されますが、自分たちが播いた小さな種子や芝から目が出て、日に日に生長し、やがて青々としたじゅうたんになる様子を間近で観察することができます。子どもたちが「生きている芝生」を実感できる絶好の機会といえます。

　この期間を利用して、学校や地域の人たち、子どもたちが芝刈りや肥料やり（施肥）、潅水など、日常の基本的な維持管理作業を体験してもらい、その楽しさや喜びを実感してもらうことも大切です。

夏休み中の芝生の手入れ

**活動会員の悩みごと（未解決事項）**

**学校・地域行事と養生期間**
オーバーシーディングの時期は、学校や地域の行事（休暇や運動会など）のスケジュールを十分に把握した上で計画しなければなりません。とくに、発芽後間もない芝草は、まだ貧弱で強い踏圧に耐えられません。

## 3　支援体制

### (1) 地域社会との協調を軸に展開しましょう
　校庭芝生化に向けて、主体者（学校、児童・生徒、保護者、地域住民）の中での合意形成がなされ、取り組む意思が確認できれば、次に必要なのは、芝生化を実現に導く実行組織（芝生化推進母体）をつくり上げることです。今後は、この芝生化推進母体が芝生事業の主体となって、行政との交渉、関係者の意見調整、まとめ役など、中心的な役割を果たすことになります。

嵯峨野小学校　グリーン応援団会合

## (2) ボランティアとリーダーの育成は欠かせません

芝生の完成後、芝生化推進母体は芝生利用のルールづくりや維持管理などで中心的な役割を担ったり、芝生の維持管理作業で活動する応援団（ボランティア）を組織したり、主体者の意見をまとめるリーダーシップと組織の永続性が求められます。この役割を果たすために、人員構成や運営体制は画一的なものではなく、それぞれの学校や地域の実情に合わせて柔軟に対応すればよいと考えられます。

秋のウィンターオーバーシーディング

● 表2 芝生スクール京都方式校庭芝生化モデルプラン・芝生造成計画（6月施工を前提）

| 芝生の校庭誕生へのステップ | 前年度 | | | | 実施年度 | | | | 次年度以降 |
|---|---|---|---|---|---|---|---|---|---|
| | 12月迄に | 1月末迄 | 2月末迄 | 3月末迄 | 5月末迄 | 8月末迄 | 9月末迄 | 3月末迄 | 2年目 |
| STEP1 芝生化への意思 | ■ | | | 芝生化実施の決定 | | | 芝生完成 供用スタート | | |
| STEP2 学校・保護者・地域の合意形成 | ░ | ■ | | | | | | | |
| STEP3 推進母体・責任主体の形成 | ░ | ░ | ■ | | | | | | |
| STEP4 基本計画の立案 | ░ | ░ | ░ | | | | | | |
| STEP5 計画・設計施工 | | | | | ■ | | | | |
| STEP6 施工・養生 | | | | | ░ | ■ | | | |
| STEP7 維持管理（1年目） | | | | | | ░ | | ■ | |
| 維持管理（2年目） | | | | | | | | | ■ |

● 表3 施工スケジュール（西総合支援学校の事例）

| 年月 | 2005年6月 | | | | | | | | | | | | | | | 7月～8月 | 8月 |
|---|---|---|---|---|---|---|---|---|---|---|---|---|---|---|---|---|---|
| 日 | 4 | 5 | 6 | 7 | 8 | 9 | 10 | 11 | 12 | 13 | 14 | 15 | 16 | 17 | 18 | 42日 | 30 |
| 作業名　曜日 | 日 | 月 | 火 | 水 | 木 | 金 | 土 | 日 | 月 | 火 | 水 | 木 | 金 | 土 | 日 | | 火 |
| 測量・機械搬入 | ■ | | | | | | | | | | | | | | | 養生・維持管理（芝刈り・施肥・潅水） | 芝生校庭完成 供用スタート |
| フィールド部　基盤整形 | | ■ | ■ | ■ | | | | | | | | | | | | | |
| フィールド部　アゼシート敷設 | | | ■ | ■ | | | | | | | | | | | | | |
| フィールド部　砂搬入敷均し | | | | | ■ | ■ | | | | | | | | | | | |
| フィールド部　改良材混合 | | | | | | | ■ | | | | | | | | | | |
| フィールド部　仕上げ整地 | | | | | | | | ■ | | | | | | | | | |
| 遊具周辺　鋤取・残土搬出 | | | ■ | ■ | | | | | | | | | | | | | |
| 遊具周辺　基盤整形 | | | | | ■ | | | | | | | | | | | | |
| 遊具周辺　砂搬入敷均し | | | | | | ■ | | | | | | | | | | | |
| 遊具周辺　改良材混合 | | | | | | | | | ■ | | | ■ | | | | | |
| 遊具周辺　仕上げ整地 | | | | | | | | | | ■ | | | | | | | |
| 入口部　現地土耕起 | | | | | | | | | ■ | | | | | | | | |
| 入口部　改良材混合 | | | | | | | | | | ■ | | | | | | | |
| 入口部　仕上げ整地 | | | | | | | | | | | ■ | | | | | | |
| 播種（種子まき式） | | | | | | | | | | | | | | | ■ | | |

## 第4章

# 芝草の選定のための条件

### 環境に適した芝生を選ぼう

芝生をつくる場合、目的によって最適な芝草を選定することが非常に重要です。芝生は自然の環境や維持管理に敏感に反応するものであり、芝草の選定は、芝生造成の正否を決定するといっても過言ではありません。

## 1 環境条件の確認

### (1) 気候条件はどうですか
#### 1）温度

芝草にとって気象条件でもっとも重要なものは温度です。芝草はその種類または品種によって温度に対する反応は異なり、高温に適するもの、低温に適するものなどさまざまです。日本の国土は南北に細長いため、かなりの温度差の中で芝生を育てる必要があります。そのため、一つの芝草の種類や品種で全国をカバーすることはできません。

#### ① 暖地型芝草（夏芝）

高温の環境ではよく生育しても、低温の環境では地上部が枯死するか、または全体が枯死するものを暖地型芝草といいます。暖地型芝草は10℃以上で生育を始め、その生育適温は25～35℃です。ノシバやコウライシバなどは15℃前後で休眠に入り、10℃以下になると地上部は枯死します。一般に暖地型芝草は35～40℃になると生育は弱まりますが、耐暑性が強く、乾燥に耐える力が強いです。生育はソメイヨシノの満開頃（約10℃）から秋までの期間に限られ、降霜にあうと地上部は枯死します。暖地型芝草の中には比較的耐寒性を備えたものもあり、東北地方や高冷地でも栽培されている事例があります。

#### ② 寒地型芝草（冬芝）

寒地型芝草は5℃前後の低温から生育を開始し、生育適温は15～20℃であり、35℃になると生長が止まります。従って、春から初夏・秋にはよく生育しますが盛夏は生育が衰え、枯死することもあります。耐寒性は強く、0℃以下になっても枯死することがなく、冬期間も緑葉を保持します。

以上のように、芝草は暖地型と寒地型に大きく分けられますが、草種別にみるとその生育温度にはかなり違いがあります。表4、表5は、芝草の耐暑性および耐寒性についてのランク分けです。各草種の特性などについては、基礎編3 芝生の種類と形状（96～114ページ）を参照して下さい。

耐暑性試験

● 表4　耐暑性の草種別分類

| 耐暑性 | 芝草の種名 |
|---|---|
| 極強 | ノシバ、コウライシバ、バミューダグラス、バッファローグラス、カーペットグラス、センチピードグラス |
| 強 | トールフェスク |
| 中 | コロニアルベントグラス、クリーピングベントグラス、ケンタッキーブルーグラス |
| やや弱 | カナダブルーグラス、チューイングフェスク、クリーピングレッドフェスク、ペレニアルライグラス、レッドトップ |
| 弱 | チモシー、イタリアンライグラス |

＊ティフトン類はバミューダグラスに含まれる。

（Beardより改）

● 表5　耐寒性の草種別分類

| 耐寒性 | 芝　草　の　種　名 |
|---|---|
| 極強 | クリーピングベントグラス、ラフブルーグラス |
| 強 | チモシー、ケンタッキーブルーグラス、カナダブルーグラス、コロニアルベントグラス |
| 中 | クリーピングレッドフェスク、チューイングフェスク、トールフェスク、メドウフェスク、ノシバ、センチピードグラス改良種 |
| 弱 | ペレニアルライグラス、イタリアンライグラス、バミューダグラス、コウライシバ、センチピードグラス |
| 極弱 | バヒアグラス、セントオーガスチングラス、カーペットグラス |

(Beardより改)

### ③ 温量指数

日本の国土は温量指数によって6気候区に分類されます（28ページ、図3）。主要草種の適応性を表6に示しましたが、関東・北陸地区は暖地型芝草と寒地型芝草の適応の分かれ目に当たります。移行地帯に位置する本州の暖地は、モンスーン地帯とも重なって湿度が高く、病虫害の発生も多くなります。世界的にみても、もっとも芝生のつくりにくい所と言えます。当該地の環境条件を踏まえて草種・品種を上手に組み合わせて利用することが重要です。

● 表6　主要芝草とその適応地帯

◎：最適　〇：適　△：やや適

| 型 | 草　種 | 地域区分 | | | | | |
|---|---|---|---|---|---|---|---|
| | | Ⅰ | Ⅱ | Ⅲ | Ⅳ | Ⅴ | Ⅵ |
| 寒地型 | ベントグラス類 | ◎ | ◎ | ◎ | 〇 | △ | △ |
| | ケンタッキーブルーグラス | ◎ | ◎ | ◎ | 〇 | △ | |
| | ライグラス類 | | ◎ | ◎ | 〇 | △ | △ |
| | ファインフェスク | ◎ | ◎ | 〇 | △ | △ | |
| | トールフェスク | ◎ | ◎ | ◎ | ◎ | 〇 | △ |
| 暖地型 | ノシバ | | 〇 | ◎ | ◎ | ◎ | ◎ |
| | コウライシバ | | | 〇 | ◎ | ◎ | ◎ |
| | バミューダグラス | | | △ | ◎ | ◎ | ◎ |
| | バヒアグラス | | | | 〇 | ◎ | ◎ |
| | カーペットグラス | | | | △ | 〇 | ◎ |
| | センチピードグラス改良種 | | 〇 | ◎ | ◎ | ◎ | ◎ |

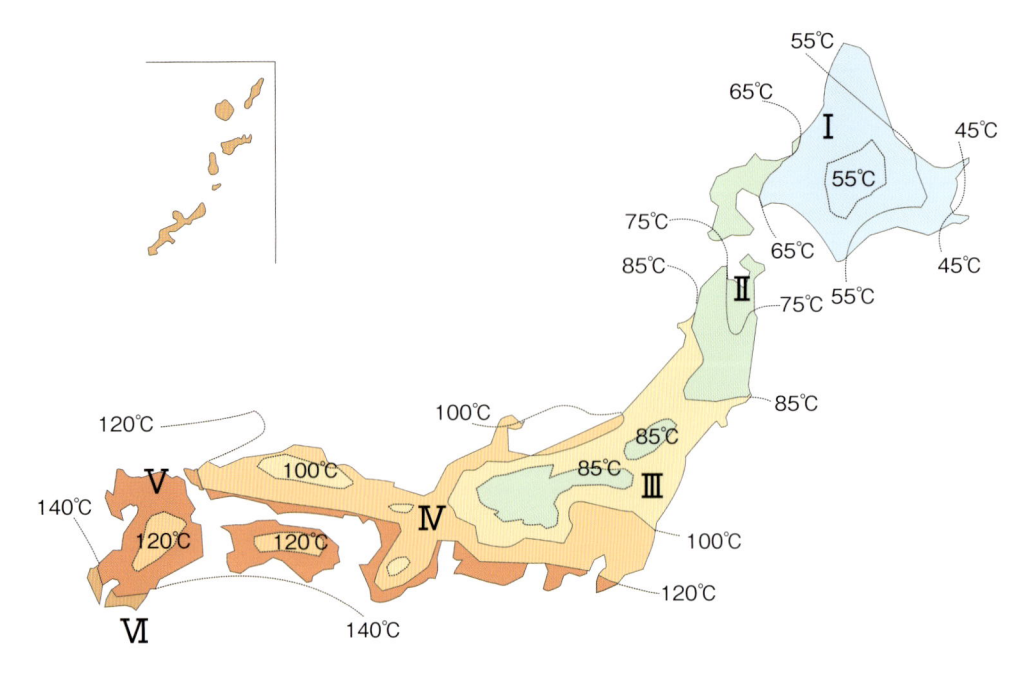

図3　温量指数による地域区分（北村、1988）
＊温量指数（℃）：1年間の月平均気温が5℃以上の月について、5℃を超えた温度を積算した数字

## 2）日光

芝草は光合成によって二酸化炭素を吸収固定し、酸素と栄養分を作り出します。従って、ほとんどの芝草は日光のよく当たる場所を好みます。弱い光の下では光合成量は少なく、それよりも呼吸量が多くなります。光が強くなるに従い光合成は増加し、酸素と栄養分も増加します。やがて光の強度があるレベルまで達した時点で光合成は一定となります。

### ① 発芽と光

芝草の種類によっては、その種子の発芽に光を必要としない嫌光性種子と、光によって発芽が促進される好光性種子、および光に無関係の種子とがあります。クローバ類を除く大部分の芝草種子が好光性で、とくに暖地型芝草種子の発芽には光が十分に必要です。表7は各草種の種子純度や発芽に対する基準、試験方法、光条件などをまとめたものです。

● 表7　国際種子検査規定（抜粋）

| 草　種　名 | 標準純度(%) | 標準発芽率(%) | 発芽試験方法 | | | 休眠打破ほか | |
|---|---|---|---|---|---|---|---|
| | | | 温度(℃) | 発芽勢(日) | 締切日(日) | KNO₃ | 光 |
| ベントグラス類 | 95 | 85 | 20～30 | 7 | 28 | ○ | ○ |
| レッドトップ | 95 | 80 | 20～30 | 5 | 10 | (○) | ○ |
| ブルーグラス類 | 90 | 75 | 20～30 | 10 | 28 | ○ | ○ |
| ラフブルーグラス | 90 | 75 | 20～30 | 7 | 21 | ○ | ○ |
| トールフェスク | 95 | 80 | 20～30 | 5 | 14 | | ○ |
| ファインフェスク類 | 95 | 80 | 15～25 | 7 | 21 | | ○ |
| イタリアンライグラス | 98 | 90 | 20～30 | 5 | 14 | ○ | ○ |
| ペレニアルライグラス | 98 | 90 | 20～30 | 5 | 14 | | ○ |
| オーチャードグラス | 90 | 80 | 20～30 | 7 | 21 | | ○ |
| チモシー | 98 | 80 | 20～30 | 5 | 10 | (○) | ○ |
| バミューダグラス | 98 | 80 | 20～35 | 7 | 21 | ○ | ○ |
| バヒアグラス | 95 | 60 | 20～35 | 7 | 28 | | ○ |
| ノシバ | 98 | 80 | 20～35 | 10 | 28 | ○ | ○ |
| センチピードグラス | 98 | 80 | 15～35 | 14 | 28 | ○ | ○ |
| カーペットグラス | 90 | 80 | 20～35 | 10 | 21 | (○) | ○ |
| シロクローバ | 98 | 85 | 20 | 4 | 10 | | |
| アカクローバ | 98 | 85 | 20 | 4 | 10 | | |
| ダイカンドラ | 98 | 80 | 20～30 | 7 | 21 | | ○ |

＊ファインフェスク類＝クリーピングレッドフェスク、チューニングフェスク、ハードフェスク
＊マメ科（クローバ類）の発芽率は硬実種子を含む。ダイカンドラはヒルガオ科。
＊温度：（例）20～30℃の場合、20℃—16時間、30℃—8時間の変温をくり返す。
＊KNO₃の（○）は、種子に休眠がある場合に使用する。

② 耐陰性

　一般に寒地型芝草は日陰に強いですが、日陰では病気の発生や生育不良になり、芝草は徒長して密度も低下します。耐陰性の強い草種はファインフェスク類ですが、最近では耐陰性の強いケンタッキーブルーグラス品種なども育成され、よく利用されています。

　暖地型芝草の中ではコウライシバやノシバなどが日陰に比較的強いです。ティフトンやバミューダグラスは耐陰性が弱いので日陰は避けるべきですが、耐陰性および耐暑性を有する寒地型芝草との混合使用は、芝生の裸地化を防ぐ上でかなり効果的です。

耐陰性試験（米国）

● 表8 耐陰性の草種別分類

| 耐陰性 | 芝草の種名 |
|---|---|
| 極強 | ハードフェスク、シープフェスク、チューイングフェスク、クリーピングレッドフェスク、ベルベットベントグラス、オーチャードグラス、セントオーガスチングラス |
| 強 | ノシバ、コウライシバ、ラフブルーグラス、センチピードグラス改良種、クリーピングベントグラス、トールフェスク |
| 中 | コロニアルベントグラス、レッドトップ、メドウフェスク、ペレニアルライグラス、センチピードグラス、カーペットグラス、バヒアグラス |
| 弱 | ケンタッキーブルーグラス、バッファローグラス、バミューダグラス |

## 3）水分

芝草の多くは、土壌が保持できる最大の水分量（最大容水量）の50～60％の土壌水分のときに生育がもっとも良好であるとされています。過湿による被害は、主に土壌通気性の悪化に伴う土壌中の酸素不足によって起ります。酸素不足は芝草の根の呼吸を妨げ、養分・水分の吸収にもっとも重要な役割をはたす根毛が最初にダメージを受け、枯死脱落します。根の伸長も抑えられ、根系全体が衰退します。過湿条件では、芝草の根は表土層に浅く広がり、地上部に対する根の割合が減少し、根の吸水量より蒸散量が多くなって草勢は衰え、芝質は著しく低下します。

### ① 水分要求量

わが国は降水量がかなり多いため、暖地型芝草を栽培した場合には、張芝または播種後の定着までの期間を除いて、ほとんど灌水は必要としません。灌水の必要性は、土壌構造や芝草の種類などによって大きく異なります。砂質土を用いて芝生を造成した所では、定期的な灌水が必要になります。寒地型芝草は暖地型芝草に比べて水分要求量が多く、その中でもベントグラス類は多くの水分を必要とします。参考までに、一般の芝草が最大に消費する水分量は1日当たり4～5ℓ/㎡と言われています。

### ② 耐湿性

草種による耐湿性の違いは、酸素要求量の差および植物体内の通気組織を作りあげる能力の違いによります。通気組織によって酸素は茎葉から根に供給され、生き長らえることが可能になります。河川敷および融雪期に長期間滞水する場所では湿害がおこりやすいので、こうした所では耐湿性の劣る草種の利用は避けるべきです。

● 表9 耐湿性の草種別分類

| 耐湿性 | 芝草の種名 |
|---|---|
| 極強 | バッファローグラス、バミューダグラス、クリーピングベントグラス |
| 強 | チモシー、ラフブルーグラス |
| 中 | メドウフェスク、ケンタッキーブルーグラス |
| やや弱 | イタリアンライグラス、ペレニアルライグラス |
| 弱 | クリーピングレッドフェスク、チューイングフェスク、センチピードグラス |

### ③ 耐旱性

　旱ばつは晴天が続き、水分供給不足で蒸散が異常に高まる状態を指し、暑熱と併発しておこることが多いです。一般に暖地型芝草は根の分布が深く、とくにバミューダグラスは深い根系を形成します。寒地型芝草の中では、トールフェスクやファインフェスク類が耐旱性に優れ、ベントグラスはもっとも耐旱性が劣ります。一般に生長が早い草種ほど水分消費量は多くなります。このため、水分補給が制限される場所では、寒地型芝草の利用は制約されます。

●表10　耐旱性の草種別分類

| 耐旱性 | 芝　草　の　種　名 |
|---|---|
| 極強 | バッファローグラス、バミューダグラス、ノシバ、コウライシバ、バヒアグラス |
| 強 | ハードフェスク、シープフェスク、トールフェスク、クリーピングレッドフェスク、センチピードグラス改良種 |
| 中 | ケンタッキーブルーグラス、レッドトップ、チモシー、カナダブルーグラス、センチピードグラス |
| やや弱 | カーペットグラス、セントオーガスチングラス、ペレニアルライグラス、メドウフェスク |
| 弱 | イタリアンライグラス、ラフブルーグラス、クリーピングベントグラス、ベルベットベントグラス |

(Beardより改)

## (2) 芝生が育ちやすい土ですか

　芝草の生育にとって、土壌環境の良否が芝生の一生を左右します。芝草は土壌中に根を伸ばし、その植物体を土壌によって支えられ、その土壌から根を通して水分と養分の供給を受けて生育しています。土壌の役割は、芝草の根の呼吸に必要な酸素の供給、生育に必要な水分の保持と供給および養分の貯蔵と供給などです。

### ① 土壌pH適応性は

　土壌が酸性であるかアルカリ性であるかを土壌の反応といい、その程度を表すのにpHを用います。芝草にはそれぞれ最適な土壌pHがあり、一般的にpH6〜7の弱酸性が土壌中の養分状態や芝草の生育に最適といえます（32ページ、図4参照）。

　土壌pHは養分吸収に対して大きな影響を与え、酸性が強ければカリウム（K）、リン（P）、カルシウム（Ca）、マグネシウム（Mg）などの有効性が低下します。土壌中のアルミニウム（Al）やマンガン（Mn）などの溶解度も増加し、芝草に過剰に吸収されて生育障害を与えます。また、有用微生物の活性が低下し、根系は浅くなり、褐色化して養分・水分の吸収力が減退します。酸性でアルミニウム活性の高い火山灰土壌では、カルシウムやマグネシウムなどのアルカリ資材を投入して土壌改良を行う必要があります。

### ② 耐塩性

　植物の生育に及ぼす土壌塩分濃度の限界は種類によって異なりますが、芝草は総じて耐塩性が強いです。

土壌酸湿度測定器DM5型

● 表 11 耐塩性の草種別分類

| 耐塩性 | 芝 草 の 種 名 |
|---|---|
| 強 | センチピードグラス改良種、ノシバ、コウライシバ、バミューダグラス |
| 中 | ペレニアルライグラス、イタリアンライグラス、トールフェスク、チューイングフェスク、クリーピングベントグラス |
| 弱 | ケンタッキーブルーグラス、コロニアルベントグラス、バヒアグラス、センチピードグラス |

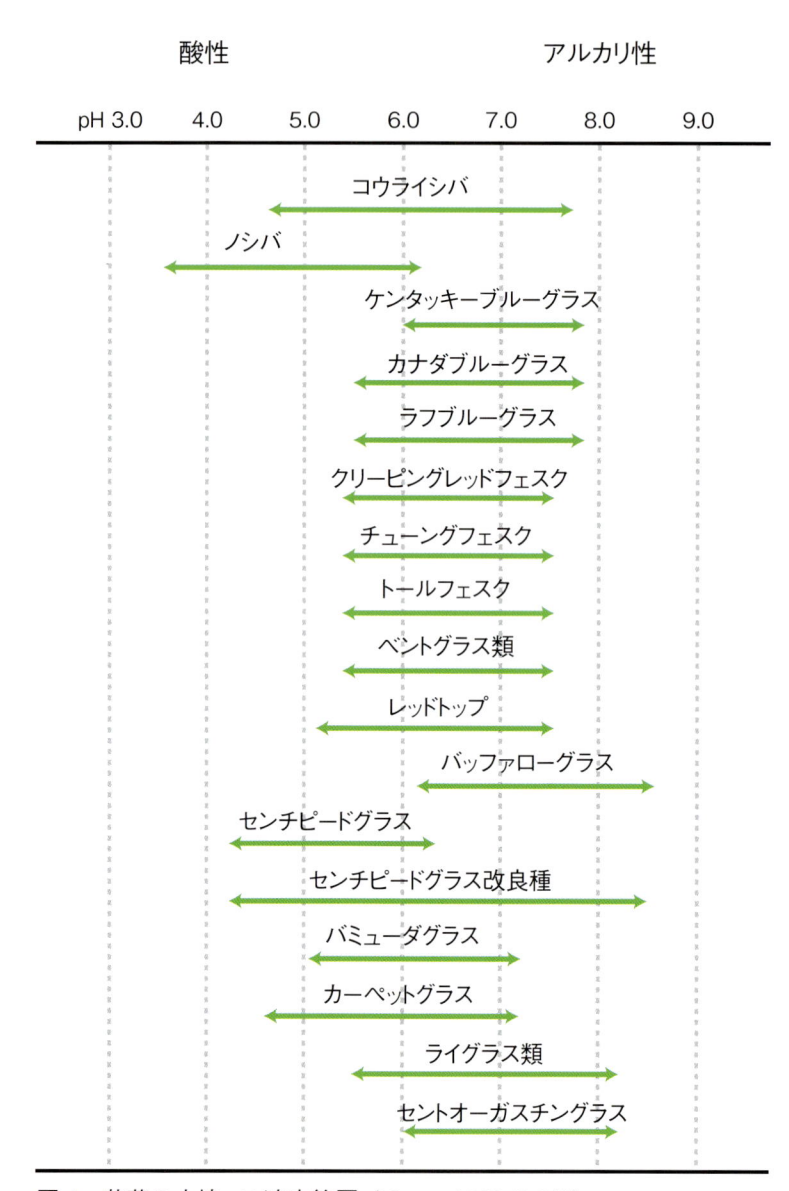

図 4 芝草の土壌 pH 適応範囲 (Musser 1962 その他)

## 2　校庭芝生に適した芝草の選定

　前述したように、芝草には暖地型芝草と寒地型芝草があって、その中にさらにいくつかの草種があり、それぞれ異なる性質をもっています。校庭で使用する芝草の選定にあたっては、対象地の気象や土壌条件、設備の有無、利用形態、管理条件、造成および管理に要する経費などに照らして、事前に年間の利用計画と管理計画をたてる必要があります。

　校庭の芝生はゴルフ場でもサッカー場でもありません。育てるのは芝生ではなく、子どもたちです。「雑草も緑のうち」と考えると、芝生の維持管理作業にも気持ちが楽になります。

### (1) 気候にあった草種は

　わが国は南北に細長く、気候の変異がかなり大きいです。芝草の適性草種を決める要素として、温度条件が最大要因となります。北村は温量指数によって、わが国を6気候区に分類しています（図3、表6）。適応する草種から、わが国の気候区を大きく3つに分けることができます。すなわち、寒地型芝草が適応する地帯（区分Ⅰ、Ⅱ、Ⅲの大部）、暖地型芝草が主体の地帯（区分Ⅳ、Ⅴ、Ⅵ）、寒地型芝草と暖地型芝草が栽培可能な地帯（区分Ⅲの一部、Ⅳ、Ⅴ、移行地帯＝トランジションゾーン）です。

### (2) 人為的ストレス耐性

　芝草は四季を通じて自然環境のストレスを受けるだけでなく、利用による人為的ストレスが加えられます。最大のストレスは、刈り込みと踏圧による傷害です。ターフの美しさ、運動のしやすさを確保するために、刈り込みは必須の管理条件ですが、芝草にとっては過酷なストレスとなります。運動による踏圧は芝草を傷つけるほか、土壌を固結させ、根系環境を悪化させます。芝生の持続的利用には、芝草がこれらの人為的ストレスに耐え、傷害からの回復機能を備えていることが求められます。

#### 1) 刈り込み耐性

　芝草が他の植物ともっとも異なるのは、刈り込まれて再生してくる分げつを利用する点にあります。刈り込みからの回復は、刈り残された葉の伸長よりも新しい分げつの発生に依存する割合が高くなります。芝草は刈り込みに耐える草種を選ばなければなりませんし、適度の刈り込みは分げつの発生を促進します。

●表12　品質と草勢からみた芝草の適正な刈り高

| 相対刈り高 | 刈り高(mm) | 芝草の種名 |
|---|---|---|
| 極低 | 4～12 | クリーピングベントグラス、ベルベットベントグラス |
| 低 | 12～25 | コロニアルベントグラス、バミューダグラス、ノシバ、コウライシバ |
| 中 | 25～50 | バッファローグラス、センチピードグラス、ペレニアルライグラス、クリーピングレッドフェスク、チューイングフェスク、ケンタッキーブルーグラス、メドウフェスク |
| 高 | 38～76 | バヒアグラス、セントオーガスチングラス、トールフェスク |

（Beardより改）

## 2）耐踏圧性

踏圧の程度は歩行速度や競技者の体重と接地面積によって異なります。走り回る運動選手は静止したときに比べて38倍もの圧力を芝生に与えるとする報告があります。体重90kgの選手がサッカーシューズを履いたときの地表に与える圧力は、紳士靴の25倍に達するといいます。このように、激しく複雑に走り回る選手の芝生に与える踏圧の強さは、予想を超えるものがあります。

また、芝生の管理作業機械の運行も大きなストレスになります。とくに降雨後の作業はスリップを伴いがちで、土壌のこねまわしと芝生のすり切れは深刻です。踏圧による土壌の固結は同時に起りますが、ベースの土壌の組成、水分条件によって芝生の受ける障害が違ってきます。サンド（砂）ベースの芝生では土壌の固結は比較的少ないですが、粘土や火山灰土は固まりやすく、気相や液相の割合が低下し、根に障害を与えます。

●表13　耐踏圧性の草種別分類

| 耐踏圧性 | 芝草の種名 |
|---|---|
| 極強 | バミューダグラス、ペレニアルライグラス |
| 強 | ノシバ、コウライシバ、ケンタッキーブルーグラス |
| 中 | トールフェスク |
| やや弱 | クリーピングベントグラス、ハードフェスク |
| 弱 | クリーピングレッドフェスク、チューイングフェスク、イタリアンライグラス、ラフブルーグラス |

（Shearmanより改）

## 3）すり切れ抵抗性

芝草のすり切れは踏圧、引き裂き、押しつぶしなどの芝生の利用によって生じます。すり切れ抵抗性は、葉の引張り強度が高く、葉幅の広い草種が強いです。一般に寒地型芝草は暖地型芝草に比べて弱い傾向があります。

●表14　すり切れ抵抗性の草種別分類

| すり切れ抵抗性 | 芝草の種名 |
|---|---|
| 極強 | バミューダグラス、ノシバ、コウライシバ |
| 強 | トールフェスク、バヒアグラス |
| やや強 | ペレニアルライグラス、ケンタッキーブルーグラス |
| 中 | イタリアンライグラス、ハードフェスク、チューイングフェスク、クリーピングレッドフェスク、セントオーガスチングラス |
| やや弱 | クリーピングベントグラス、コロニアルベントグラス |
| 弱 | ラフブルーグラス |

（Shearman、Beardより改）

## 4）傷害からの回復力

傷害からの回復は、芝草の基部および地下茎やほふく茎の各節にある組織から発生する分げつによってなされます。地下茎は地上部やほふく茎に比べて受ける被害は軽く、回復能力も高いです。バミューダグラスのほふく茎は伸長が速いため回復も早いです。肥料の多用あるいは不足も回復を妨げます。サッチ（刈りくず）の集積は芝草の生長点を地表にもち上げて被害を拡大し、回復力を弱めますので注意が必要です。

●表15　傷害からの回復力草種別分類

| 回復力 | 芝草の種名 |
|---|---|
| 極強 | バミューダグラス、ノシバ、コウライシバ、シーショアパスパラム |
| 強 | ケンタッキーブルーグラス、クリーピングベントグラス、カーペットグラス、セントオーガスチングラス |
| 中 | クリーピングレッドフェスク、コロニアルベントグラス、チューイングフェスク、センチピードグラス、バヒアグラス |
| 弱 | ラフブルーグラス、ペレニアルライグラス、メドウフェスク、トールフェスク、バッファローグラス |

（Beardより改）

運動などによって受けた傷害からの回復は、芝草の形態によって異なります。地下茎やほふく茎を生ずる芝草は、それらが障害を受けて切断されれば、各部より発生した幼植物が独立して新しい個体となります。ペレニアルライグラスやトールフェスクなどのように株になる芝草では、中央の冠部を含む部分より回復します。

株の冠部にある腋芽は発達して分げつし、地下茎やほふく茎となります。横に伸びる地下茎やほふく茎の伸長の良否は、傷害からの回復力を決定します。芝生密度の維持は、分げつ、ほふく茎、地下茎によって行われますが、地下茎は地表下にあるため、運動による障害を受けにくくなります。株になる草種では、分げつによる回復しか期待できませんので、回復能力は低く、裸地をカバーする力は弱くなります。

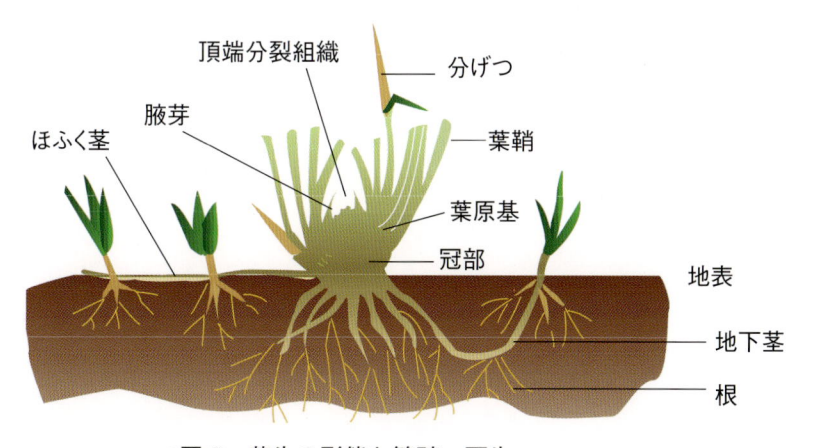

●図5　芝生の形態と繁殖・再生

## (3) 利用のしかたで選ぶ

　移行地帯における校庭芝生化にあたって、芝草を選定するとき考慮しなければならないのは、温度条件のほか利用形態です。この地帯に適する暖地型芝草は、ノシバ、コウライシバ、バミューダグラス類ですが、これらは冬期には休眠します。その間の過度の利用による踏圧やすり切れがあると回復できず、裸地化します。一方、寒地型芝草を用いた場合、夏期の芝生の悪化・衰退、その養生・回復のための利用制限など、学校行事への影響が心配されます。このような場合には、暖地型芝草と寒地型芝草を混合して使用したり、夏期には暖地型芝草を使用し、秋に寒地型芝草の種子を暖地型芝草の上に播く、いわゆるウインターオーバーシーディングという手法もあります。これらの方法については、第7章に詳述します。

## (4) 求める芝質と管理のしかたを基準にする選定

　芝草は種類によって必要とする管理法が異なります。また、どの程度の芝質を目標とするかによって、芝草の選定や設備・管理仕様も異なってきます。芝草の草種間の比較を行うための項目として、耐旱性、耐暑性、耐寒性などの環境ストレス耐性や、肥料・水分などの要求度があげられます。表16は、芝草選定のための各草種間の特性を示したものです。

ノシバ

バミューダグラス

ケンタッキーブルーグラス

ペレニアルライグラス

バミューダグラスとケンタッキーブルーグラスの混播

● 表16　芝草の特性

評価基準　◎最適（最強）　○適（強）　△やや適（やや弱）　×不適（弱）

| タイプ | 草種 | | 草丈(cm) | ほふく茎 | 地下茎 | 定着速度 | 種子 | 栄養 | 寒地 | 暖地 | 耐寒性 | 耐暑性 | 耐陰性 | 耐踏圧性(すり切れ) | 耐刈込性 | 耐旱性 | 耐湿性 | 耐塩性 | 水分要求度 | 適応pH | 肥料要求度(チッソ月間g/m²) | サッチの形成 | 寒地 播種(月) | 暖地 春(月) | 暖地 秋(月) | 播種量 g/m² | 粒数/g |
|---|---|---|---|---|---|---|---|---|---|---|---|---|---|---|---|---|---|---|---|---|---|---|---|---|---|---|---|
| 暖地型芝草 | シバ | ノシバ | 15~25 | ◎ | ○ | 極遅 | ◎ | ◎ | △ | ◎ | △ | ◎ | ◎ | ◎ | ◎ | ◎ | ◎ | ○ | 低 | 3.5~6.1 | 2.5~5.0 | 高 | 5~6 | 4~7 | — | 15~20 | 1,500 |
| | | コウライシバ | 10~15 | ◎ | ○ | 遅 | × | ◎ | △ | ◎ | △ | ○ | ○ | ○ | ○ | ○ | ○ | ◎ | 低 | 4.5~7.5 | 2.5~5.0 | 高 | 5~6 | 3~6 | — | — | — |
| | バミューダグラス | コモン | 15~30 | ◎ | ◎ | 中 | ◎ | ◎ | △ | ◎ | × | ○ | ◎ | ◎ | ◎ | ◎ | ◎ | ◎ | 低 | 5.1~7.1 | 2.5~5.0 | 中 | 5~6 | 4~7 | 8~9 | 8~15 | 3,900 |
| | | ティフトン | 15~30 | ◎ | ◎ | 中 | × | ◎ | △ | ◎ | × | ◎ | ◎ | ◎ | ◎ | ◎ | ◎ | ◎ | 低 | 5.1~7.1 | 4.0~6.5 | 高 | — | 3~6 | 8~9 | — | — |
| | センチピードグラス | | 10~25 | ◎ | | 中 | ◎ | ◎ | × | ◎ | × | ○ | ○ | △ | ○ | △ | ◎ | △ | 低 | 4.1~6.1 | 0.5~1.5 | 中 | 5~6 | 4~7 | — | 6~10 | 1,200 |
| | バヒアグラス | | 30~60 | ◎ | | 中 | ◎ | ◎ | × | ○ | × | △ | ○ | △ | ◎ | ○ | ◎ | △ | 低 | 6.0~7.5 | 0.5~2.0 | 低 | — | 4~7 | 8~9 | 20~25 | 300 |
| | カーペットグラス | | 20~40 | ◎ | | 中 | ◎ | ◎ | × | ○ | × | ○ | ○ | △ | × | △ | ◎ | △ | 中 | 4.7~7.1 | 0.5~2.0 | 中 | — | 4~7 | — | 15~20 | 2,000 |
| | セントオーガスチングラス | | 10~20 | ◎ | | 中 | × | ◎ | × | ○ | × | ◎ | ○ | △ | ◎ | ○ | ◎ | ○ | 高 | 6.1~8.2 | 2.5~5.0 | 高 | — | 3~6 | — | — | — |
| 寒地型芝草 | ベントグラス | クリーピング | 20~30 | ◎ | | 中 | ◎ | ◎ | ◎ | △ | ○ | ◎ | ◎ | ◎ | ○ | △ | ◎ | △ | 高 | 5.3~7.5 | 2.5~7.0 | 高 | 5~8 | 3~5 | 9~10 | 6~10 | 13,000 |
| | | コロニアル | 20~40 | △ | | やや遅 | ◎ | ◎ | ◎ | △ | △ | ○ | ◎ | ○ | △ | △ | ○ | △ | 中 | 5.3~7.5 | 2.5~5.0 | 中 | 5~8 | 3~5 | 9~10 | 10~15 | 12,000 |
| | | レッドトップ | 30~70 | | ◎ | やや遅 | ◎ | × | ◎ | × | ◎ | ○ | ○ | ◎ | ◎ | △ | ◎ | △ | 高 | 5.3~7.5 | 2.5~5.0 | 高 | 5~8 | 3~5 | 9~10 | 10~15 | 12,000 |
| | トールフェスク | | 30~50 | | | 中 | ◎ | × | ○ | △ | ◎ | △ | ◎ | ○ | ◎ | ○ | ◎ | ○ | 中 | 5.3~7.5 | 2.0~5.0 | 中 | 5~8 | 3~6 | 9~10 | 30~50 | 500 |
| | ファインフェスク | レッドフェスク | 30~60 | | | 中 | ◎ | × | ◎ | × | ◎ | ○ | ○ | ○ | ○ | △ | ◎ | △ | 低 | 5.3~7.5 | 1.0~2.5 | 低 | 5~8 | 3~6 | 9~10 | 15~20 | 1,000 |
| | | チューインフェスク | 25~40 | | | 中 | ◎ | × | ◎ | × | ◎ | ○ | ○ | ○ | ○ | △ | ○ | △ | 低 | 5.3~7.5 | 1.0~2.5 | 中 | 5~8 | 3~6 | 9~10 | 15~20 | 1,100 |
| | | ハードフェスク | 20~35 | | | やや遅 | ◎ | × | ◎ | × | ◎ | ◎ | ○ | ◎ | ○ | △ | ◎ | △ | 低 | 5.3~7.5 | 0.5~1.5 | 低 | 5~8 | 3~6 | 9~10 | 15~20 | 1,200 |
| | ブルーグラス | ケンタッキーブルー | 15~30 | | ◎ | 遅 | ◎ | × | ◎ | ○ | ○ | ◎ | ◎ | ○ | ◎ | △ | ◎ | ○ | 中 | 6.0~7.6 | 2.5~5.0 | 中 | 5~8 | 3~6 | 9~10 | 15~20 | 4,000 |
| | | ラフブルー | 30~60 | ◎ | | 遅 | ◎ | × | × | ◎ | △ | △ | ○ | × | ○ | △ | ○ | △ | 低 | 5.7~7.6 | 2.5~5.0 | 低 | 5~8 | 3~6 | 9~10 | 10~20 | 5,200 |
| | ライグラス | ペレニアル | 30~50 | | | 速 | ◎ | × | × | ○ | ○ | ◎ | ○ | ○ | ○ | ○ | ○ | △ | 中 | 5.5~8.1 | 2.0~5.0 | 低 | 4~8 | 3~5 | 9~10 | 30~70 | 500 |
| | | イタリアン | 60~100 | | | 極速 | ◎ | × | × | ○ | × | ◎ | ○ | △ | ○ | ○ | × | △ | 中 | 5.5~8.1 | 2.0~5.0 | 低 | 4~8 | 3~5 | 9~10 | 30~70 | 500 |
| | | インターメディエイト | 40~60 | | | 速 | ◎ | × | × | ◎ | × | ○ | ○ | ○ | ○ | ○ | × | ◎ | 中 | 5.5~8.1 | 2.0~5.0 | 低 | 4~8 | 3~5 | 9~10 | 30~70 | 450 |

### (5) 校庭によく使用される芝生を比較すると

最近の芝草品種改良は目覚ましいので、品種の選定にあたっては、実際の対象地の条件を考慮した上で、その条件にもっとも近い試験地のデータを参考にすべきでしょう。校庭を芝生化するにあたっては、できれば、当該地で品種や草種の予備試験を行って評価・選定を行うことが望ましいといえます。

表17は、これまでに全国の芝生化校で使用されている事例を参考にして作成したものです。これからの校庭芝生化を考える上での指針となるものだと思います。

●表17 校庭芸生化に利用される芝生と評価　　◎：最適　○：適　△：やや適　×：不適

| タイプ | 芝生の種類 | 種子(播種) | 張芝 | 播き芝 | 夏 | 冬 | 造成費 | 管理費 | 総合評価 |
|---|---|---|---|---|---|---|---|---|---|
| 暖地型 | ノシバ | ○ | ◎ | △ | ◎ | × | 高 | 中 | △ |
| | コウライシバ | × | ◎ | △ | ◎ | × | 高 | 中 | △ |
| | バミューダグラス | ◎ | △ | × | ◎ | × | 低 | 中 | ○ |
| | ティフトン | × | ◎ | ◎ | ◎ | × | やや高 | 中 | ○ |
| 寒地型 | ケンタッキーブルーグラス（KB） | ◎ | ○ | × | × | ◎ | 低 | 高 | ○ |
| | トールフェスク（TF） | ◎ | △ | × | ○ | ◎ | 低 | 高 | ○ |
| | ペレニアルライグラス（PR） | ◎ | × | × | × | ◎ | 低 | 高 | △ |
| | KB＋TF＋PR（3種混合） | ◎ | ○ | × | ○ | ◎ | 低 | 高 | ○ |
| 暖地型＋寒地型 | ノシバ＋ライグラス（WOS） | ― | ◎ | ― | ◎ | ◎ | 高 | やや高 | ◎ |
| | コウライシバ＋ライグラス（WOS） | ― | ◎ | ― | ◎ | ◎ | 高 | やや高 | ◎ |
| | バミューダグラス＋ライグラス（WOS） | ◎ | ― | ◎ | ◎ | ◎ | 低 | やや高 | ◎ |
| | ティフトン＋ライグラス（WOS） | ― | ◎ | ― | ◎ | ◎ | 高 | やや高 | ◎ |
| | バミューダグラス＋ケンタッキーブルーグラス | ◎ | ― | ― | ◎ | ◎ | 低 | やや高 | ◎ |
| | ノシバ＋トールフェスク | ◎ | ― | ― | ◎ | ◎ | 高 | やや高 | ◎ |

＊ WOS：ウインターオーバーシーディング

体育祭

# 第5章

# 校庭芝生の造成に向けて

校庭芝生の草種選定後は、現地の土壌を調査・分析し、必要があれば土壌改良を行わなければなりません。芝生が丈夫に育つための床土づくりは、校庭芝生化の成否を左右するといっても過言ではありません。同時に、芝生の材料となる種子や張芝の入手が必要となります。

## 1 種子・張芝・苗芝の準備

### (1) 種子の準備

　良質の芝生を造成するためには、高品質種子を入手することが大切です。その条件は、種子の発芽率がよく、その品種の特性を備え、雑草種子や夾雑物などの不純物がないものです。各草種の標準発芽率や純度は、表7（29ページ）を参考にして下さい。しかし、種子の生産年度によっては天候等の不順により標準発芽率に達しないことがあります。その場合は、種子の発芽勢を調べ、単位面積当たりの播種量を増加させます。

発芽試験

混合された種子

### (2) 張芝・苗芝の準備

　コウライシバやティフトンなどは、種子が着生しないか発芽率がきわめて低いために、栄養繁殖によってのみ芝生が造成されます。通常、芝生産圃場より一定のサイズに切り出された張芝を利用しますが、産地によって出荷形態が異なる場合がありますので、事前のチェックが必要です。張芝や苗は品種のはっきりした純粋なものを使用しないと、均一で美しいターフが造成できません。一般に、ノシバは張芝によって芝生造成を行いますが、経費節減したい時や養生期間がある場合は種子による造成が有利です。

芝の切出し

張芝（大判）

40　第5章：校庭芝生の造成に向けて

## 2 床土の準備

　校庭を芝生化する場合、もっとも配慮しなければならないのは、児童・生徒や芝生管理機械の通行に伴う踏圧です。踏圧によって土壌は固結し、水はけが悪くなり、芝草の根も酸素欠乏になり、やがて芝生は衰退してしまいます。現場の土をそのまま使用することができれば理想的ですが、芝草の生育に支障を来す恐れがある場合は、土壌基盤の改良が必要となります。

### (1) 土壌の三相分布（気相、液相、固相）

　土壌は個体部分（固相）、土壌水分（液相）、土壌空気（気相）の三相から成り立っており、土壌中におけるそれぞれの容積割合が三相分布です。固相は、砂、シルト、粘土および土壌有機物からなっており、固体粒子の間には隙間があって、そこに土壌水分や空気が存在しています。芝草が支障なく生育していくためには、三相分布がバランスよく保たれていることが重要です。**芝草の生育に最適な三相分布は固相率50％、液相率25％、気相率25％**といわれています。液相率が低く、気相率が高い場合は、通気性は良好ですが有効水分を確保することが困難となり、乾燥害になりやすくなります。逆に、液相率が高く、気相率が低い場合は、排水が悪く、通気性も悪くなって、湿害に見舞われやすくなります。

　三相分布は環境条件によっても大きく変わります。固相率は踏圧などによって、土壌粒子が緊密化されると高くなりますが、外部からのインパクトが加わらない限り大きく変動しないのに対して、液相率や気相率は環境条件によって相互に大きく変動します。降雨などによって液相率が大きくなれば、気相率は小さくなり、逆に乾燥が続いて気相率が大きくなると、液相率は小さくなります。

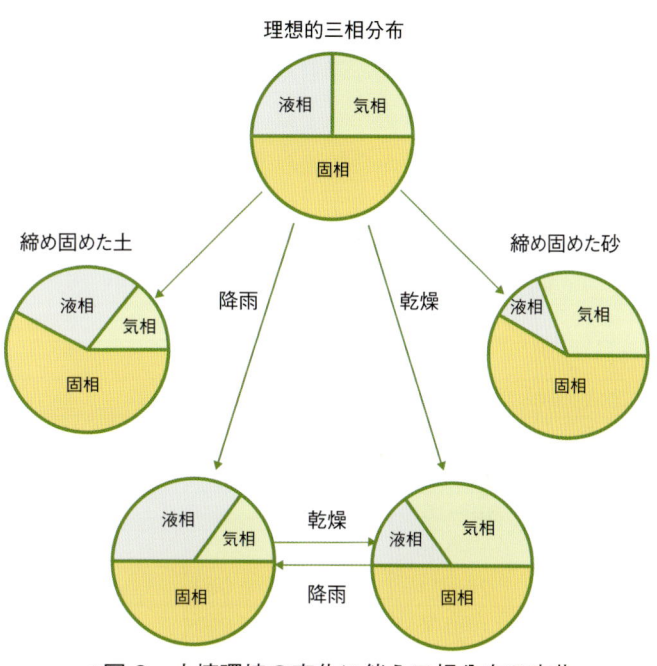

●図6　土壌環境の変化に伴う三相分布の変化

## (2) 芝生に適した土壌の種類

　土壌は主として大小様々な粒径の土壌粒子から構成されており、その重量割合を粒径組成といいます。粒径組成は土壌の骨格ともいうべき重要な性質であり、土壌の物理性・化学性を大きく支配します。例えば、粒径の大きい砂粒質の土壌では、一般に透水性は良好ですが保水性は悪いです。粘土のような微細粒質の土壌では、保水性は良好ですが透水性は悪いです。

　校庭の芝生化成功の鍵は、床土に使用される土壌の選定に左右されると言ってもよいでしょう。床土の造成にあたっては、まず適切な土壌を入手することから始まります。土壌の粒径と粒数、表面積を表18に示しました。

　粘土粒子は微細であり、土壌中の孔隙に入り込み、空気と入れ代わってその含有量が増すほど、土壌の排水を悪くします。そのため、踏圧に耐え、芝草の生育に必要な養分や水分を保持し、排水性を向上させるためには、砂を主体としたサンド構造にしなければなりません。このため、シルトや粘土分の少ない特定の範囲の砂を選択する必要があり、それには粒径 1.0 ～ 0.05mm までの粗砂から極細砂が理想とされています。しかし、校庭芝生の床土には、経費の面もあり、粒径 4.0mm 以下の細礫を含む砂であれば十分でしょう。その場合、川砂は床土が安定するまでに時間を要しますので、粒径が不均一な山砂の使用をおすすめします。

●表18　各種土壌粒径と1g当たりの粒数と表面積の関係

| 土壌区分* | 直径（mm） | 1g当たりの粒数 | 1g当たりの表面積(cm²) |
|---|---|---|---|
| 石 | >25 | — | — |
| 粗礫 | 25～5 | 1 | — |
| 細礫 | 5～2 | 30 | — |
| 極粗砂 | 2～1 | 90 | 11 |
| 粗砂 | 1.0～0.5 | 720 | 23 |
| 中砂 | 0.5～0.25 | 5,700 | 45 |
| 細砂 | 0.25～0.1 | 46,000 | 91 |
| 極細砂 | 0.1～0.05 | 722,000 | 227 |
| シルト | 0.05～0.002 | 5,766,000 | 454 |
| 粘土 | 0.002> | 90,260,853,000 | 800,000,000 |

＊ USDA法（米国農務省）

土壌改良工事

## (3) 土壌基盤と排水

　芝草は、一般の作物と異なり、土壌固結を耕起作業により改善することができません。これを改善するためには更新作業が必要になります。踏圧の激しいスポーツ競技場と同様に、校庭でも保水性や保肥力が劣る砂をあえて土壌基盤に使用するのは、踏圧がかかった時の土壌の悪化を最小限にするためです。砂（サンド）仕様は、造成に費用がかかるだけではなく、その後の維持管理においても、潅水や施肥の回数の増加を伴いますが、耐踏圧性や耐病性の向上による管理上の総合的なメリットもかなり大きいです。とくに寒地型芝草を使用する場合には、土壌の通気性や透水性によって夏期の生育に大きな差が生じます。

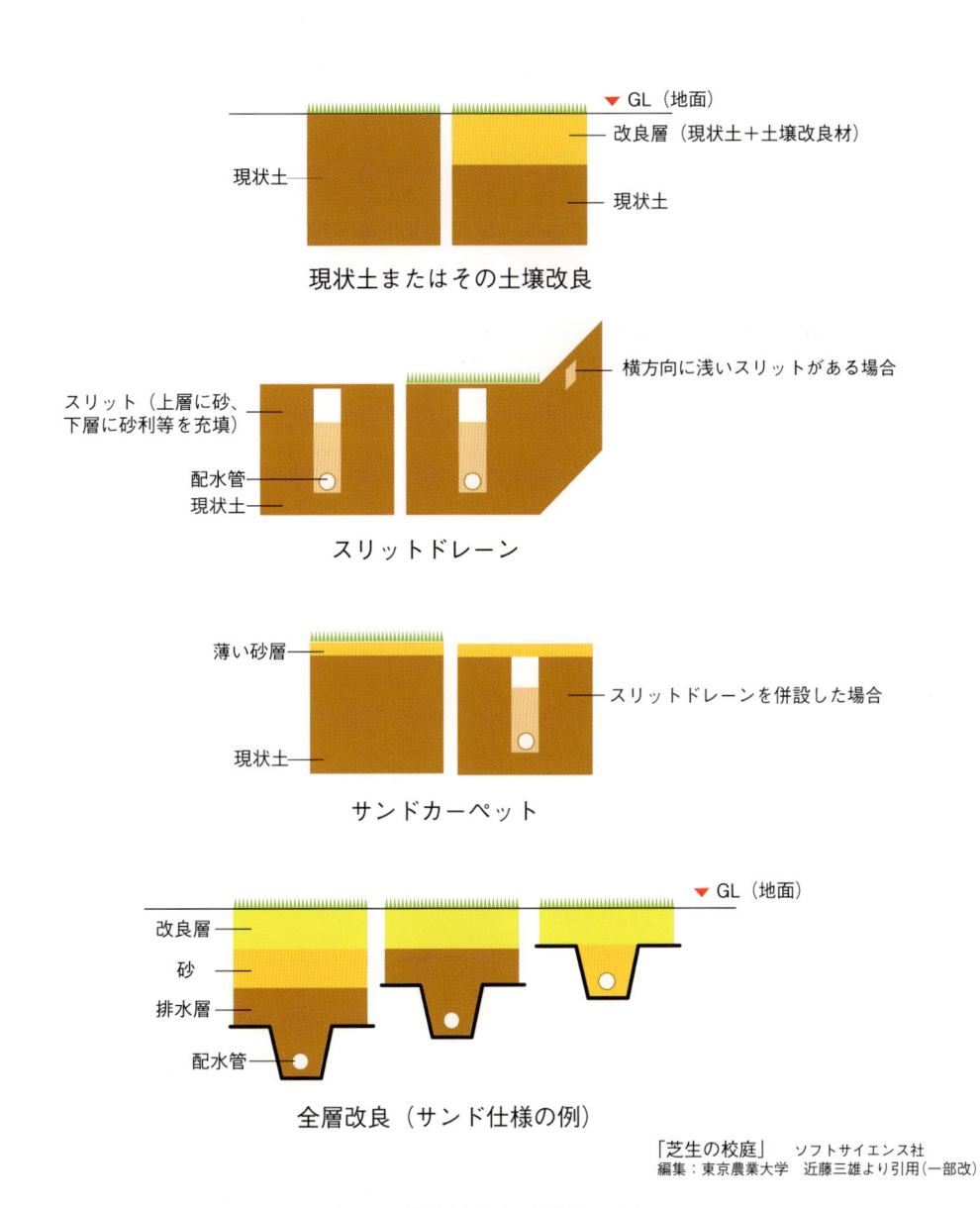

●図7　代表的な土壌構造の例

「芝生の校庭」　ソフトサイエンス社
編集：東京農業大学　近藤三雄より引用（一部改）

## 1）現状土またはその土壌改良

　事前に土壌調査を行い、芝草の生育に支障がないことが確認された場合のみ、現状土が利用できます。既存の校庭では、土ほこりの飛散防止や凍結防止のための薬品散布により、土壌の化学性に問題がある場合が多くあります。また、芝生造成後に踏圧がかかった場合を想定した、つき固め試験が必要です。また、現状土には雑草種子が残っている場合があるので雑草対策も考えておく必要があります。

　土壌改良を行う際、用いる土壌の粒型組成は、その土壌が保ちうる水分や保肥力、耐踏圧性に影響を及ぼすだけでなく、毛管水によ

る水分の移動範囲や排水性を決定します。砂の場合、粒子の形状により、砂層の安定性が異なります。土壌改良材を混合する場合にも、対象とする土壌との混合試験が必要となります。

現地土に混入していた雑草を除去
ニワホコリは芝草と区別がつきにくい

### 2）スリットドレーン

現状土、またはその土壌に改良を行ったものに細い溝を並行して、もしくは縦横に切り、排水性に富んだ砂材料や排水管を充填・敷設して排水を改善したものです（図7参照）。

### 3）サンドカーペット

現状土の表層を薄く除去し、排水性があり固結しにくい砂などの客土材料を敷設したものです。下層には、スリットドレーンを併用することもあります（図7参照）。

### 4）全層改良

現状土を芝草根系の生育に十分な深さまで除去し、排水性と固結しにくい砂などの客土材料を敷設したものです。通常、改良層は30cm程度が理想とされ、基盤面に排水管や排水層を備えています（図7参照）。

### 5）USGA方式の改良型

米国・USGA（全米ゴルフ協会の付属機関）のグリーンセクションが従来からの床土構造を基に1960年に公表したものに、USGAグリーンセクション方式というものがありました。しかし、この方式は複雑すぎて造成時間も多く要し、経費もかかり過ぎたため、現在では使用されていません。最近、USGA方式の改良型として、床土に砂と有機物だけを使用し、土を使わない方法が定着してきています（図8参照）。床土は容積比で砂85％前後とし、有機質はピートモスやバーク堆肥、その他の有機質資材を5～10％、透水性と保水性を向上させるために、5～10％の多孔質セラミックを混合します。芝生スクール京都方式は、この床土の構成に準じています。

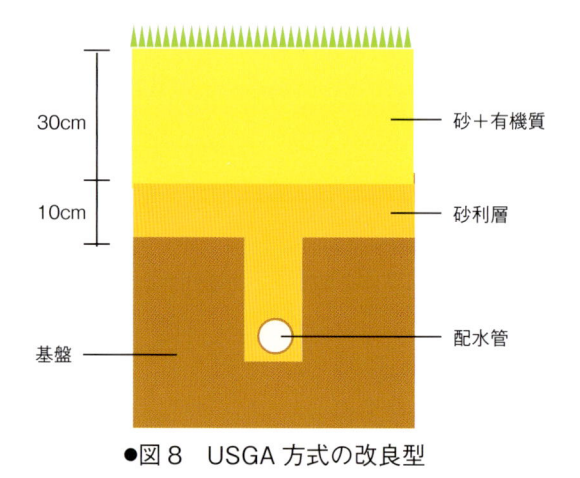

30cm 砂＋有機質
10cm 砂利層
基盤 配水管

● 図8　USGA方式の改良型

### (4) 土壌改良材の種類と使用量

校庭芝生の造成では、山砂を中心に基盤土壌の改良を行いますが、保水性や透水性を高める目的で、土壌改良材を混合使用することが多いです。通常、土壌改良材は理化学的性質の不良な土壌を改良して、地力を維持増進させることを目的として土壌に施すものをいいます。土壌改良材は土壌の団粒構造、保水力など物理的性質を改善するもの、土壌の保肥力などの化学的性質を改善するもの、有機物の分解促進、微生物環境などの生物的性質を改善するもの、などがあります。現在、校庭芝生に使用されている土壌改良材を表19に示しましたが、施用量は基盤土壌に対して5～20％混合利用されます。

土壌改良作業

● 表19　土壌改良材の効果と対象土　　　　◎とくに効果あり　○効果あり　△やや効果あり

| 土壌改良材 | 主原料 | 改良効果 | | | | 改良対象土 | |
| --- | --- | --- | --- | --- | --- | --- | --- |
| | | 保水性 | 透水通気性 | 保肥力 | 固結防止 | 砂質土 | 粘質土 |
| 泥炭 | 水苔、草灰など（ピートモス） | ◎ | △ | △ | ◎ | ◎ | |
| バーク堆肥 | 広葉・針葉樹の樹皮を主原料として、肥料などを加えて腐熟させたもの | ○ | △ | △ | ◎ | ◎ | |
| パーライト系 | 真珠岩、黒曜石などを粉砕し、約1,000℃で焼成したもの | ◎ | ○ | | ○ | ◎ | ◎ |
| けいそう土焼成粒（セラミック） | けいそう土を造粒（粒径2mm）して1,000℃以上で焼成したもの | ○ | ◎ | △ | ○ | ○ | ◎ |
| 粘土鉱物焼成粒（セラミック） | 粘土鉱物を1,000℃以上で焼成したもの（粒径1～4mm） | ○ | ◎ | △ | ○ | ◎ | ◎ |
| バーミキュライト | 蛭石を粉砕し焼成したもの | ○ | △ | ◎ | | ◎ | △ |
| ゼオライト | 沸石、大谷石などの凝灰岩粉末 | | | ◎ | | ◎ | |

## 3 種子まきの手順

### (1) 播種期の決定

芝草種子の発芽温度は、暖地型芝草が20～35℃であり、寒地型芝草が10～30℃です。これらの温度範囲内で播種するのが理想的ですが、適期をはずれた場合には、有孔ポリエチレンフィルムや寒冷紗、ベンネットなどの保温被覆資材の使用が不可欠です。

#### 1) 暖地型芝草

暖地型芝草の播種適温は25～30℃ですが、冬期は地上部が休眠するので、1年間の生育期間を有効に利用しなければなりません。暖地型芝草の播種適期は晩春から初夏ですが、可能なかぎり早く播くほうがよいでしょう（表16参照）。ノシバのように初期生育が遅いものは、3月下旬～4月上旬に播種して、保温被覆資材を使用すれば、夏までに完全なターフを形成することができます。

バミューダグラスは播種適期であれば70～100日で完全にターフを形成することができます。6月中旬に播種した場合、梅雨期の雨と夏休みを有効に利用して、8月末での芝生完成、9月からの校庭芝生開放も十分可能となります。

#### 2) 寒地型芝草

寒地型芝草の播種適温は20～25℃です。播種適期は、暖地では春および秋の2回ありますが、寒地では5～8月の期間がよいでしょう。高冷地や北海道では、晩秋になってからの播種は発芽後の低温・凍結などによって定着しない場合がありますので注意が必要です。

寒地型芝草の場合、異なる草種を混合して、それぞれの特性を生かしてターフを形成することができます。例えば、トールフェスク、ケンタッキーブルーグラス、ペレニアルライグラスを混合して芝生を造成することがありますが、この場合の播種期も寒地では5～8月、暖地では春および秋です。

#### 3) 暖地型芝草と寒地型芝草の混合

移行地帯では、エバーグリーンを狙って、暖地型芝草と寒地型芝草を混合する場合があります。例えば、ノシバとトールフェスク、バミューダグラスとケンタッキーブルーグラスなどですが、これらの播種適期は4～5月と比較的短いです。一般に暖地型芝草は日陰に弱いので、耐陰性が強いトールフェスク品種やケンタッキーブルーグラス品種を混合して、それらの欠点を補う目的で使用されています。混合使用とは別の意味から、暖地型芝草の上にライグラスなどの寒地型芝草をウインターオーバーシーディングして、年中緑を保つ方法が一般的です（第7章参照）。

### (2) 播種量の決定

#### 1) 基本的な考え方

芝草の播種量は、種子の純度や発芽率、粒数/1gなどから、ターフ形成に必要な有効率を計算して決定されます。すなわち、純度×発芽率×粒数の100分率で計算されます。しかし、種子が土壌に播かれた時は、土壌の条件や水分などが十分あっても有効発芽数が100％になるわけではありません。発芽しても幼苗時に20～50％も枯死することもあり、それらのロスも考慮に入れる必要があります。安定した芝生を造成するためには、成立する芝草の本数も大切な要因となり、一般的

に1㎡当たり16,000～40,000本が理想とされています。これらを各草種に当てはめた場合、バミューダグラスで2～3本/c㎡、ケンタッキーブルーグラスで2～4本/c㎡、ペレニアルライグラスで2～4本/c㎡となります。例えば、バミューダグラスの目標密度をc㎡当たり3本とするためには、1㎡当たりの播種量は6.0gとなります（下の計算式）。

実際に天候や施工条件などによって、発芽・定着率が低下し、病害などによっても成立の歩留まりが悪くなりますので、播種量は20～50％増とし、7～9gが必要です。また、種子がコート処理（種子の2倍の重さになる）してある場合、1g当たりの粒数は半分になりますので、播種量はさらに1.5～2倍必要です。

$$\frac{1㎡当たり目標密度}{純度 \times 発芽率 \times 1g当たり粒数} = 100 \times 100 \times 3 / \frac{98}{100} \times \frac{80}{100} \times 3,900 = 6.0g$$

## 2）混合芝草の考え方

校庭芝生では、草種や品種の異なるものを数種混合して播種することも多いです。それぞれの草種や特長を生かすために混合しますが、現地土壌や環境条件に不適なものは発芽しても枯死してしまいます。初めから、一部は枯死することを前提として混播する場合もあります。混合される草種、品種間で多少形態的な差異があったとしても、短く刈り込むことで、美しいターフを形成することができます。

混播の考え方としては、まず第1に、利用目的による草種の選定があります。スポーツ競技場や校庭など、激しい運動に利用する場合の基本草種は、すり切れに強いトールフェスク、踏圧に強いバミューダグラスやペレニアルライグラス、損傷からの回復が早いケンタッキーブルーグラスやレッドフェスクなどです。第2は日陰地に対する草種の選定です。校庭では、校舎や体育館などの陰、樹木の下など、日照の少ない場所が必ず発生します。一般に、ファインフェスク類やトールフェスクは日陰に強いですが、最近ではケンタッキーブルーグラスやペレニアルライグラスなどでも耐陰性品種が育成されており、使用される機会が増えています。表20に校庭芝生に使用される混合芝草の草種とその混播例を示しました。

●表20 混播に使用される草種とその混播例

| 寒　冷　地 | | 寒　　　地 | |
|---|---|---|---|
| ケンタッキーブルーグラス | 60% | ケンタッキーブルーグラス | 50% |
| トールフェスク | 20% | トールフェスク | 40% |
| ファインフェスク | 20% | ファインフェスク | 10% |
| 播種量 | 30～40g/㎡ | 播種量 | 30～40g/㎡ |

| 移　行　地 | | 暖　　　地 | | | |
|---|---|---|---|---|---|
| トールフェスク | 60% | バミューダグラス | 60% | ノシバ | 50% |
| ケンタッキーブルーグラス | 30% | ケンタッキーブルーグラス | 40% | トールフェスク | 50% |
| ペレニアルライグラス | 10% | | | | |
| 播種量 | 30～40g/㎡ | 播種量 | 20～30g/㎡ | 播種量 | 30～40g/㎡ |

## (3) 播種法

　前項で述べた土壌基盤の上に播種するわけですが、土壌や砂、土壌改良材が少なくとも地表から20〜30cmの深さまで均一にかく拌された状態でなければなりません。続いて表面を均して平らにしますが、表面排水する場合は、校庭の中央部を一番高くするか、校舎側から反対方向に向かって、わずかに傾斜をつけます。この際、表面の石や雑物はていねいに除去します。

　播種は、サイクロン（遠心力を利用した回転式の散布機）やドロップシーダー（落下式の播種機）を利用すると均一に早く播種することができます。芝生面積に必要な種子を4等分し、まず一方向に向って均等に播種します。さらに4分の1の量の種子を、初めに播いた方向に対して直角になるように播種し、これを2回繰り返します。または、斜め方向に2回播いてもよいでしょう。播種はできる限り風の無い日を選びます。混合種子の場合、比重の異なる種子を混ぜ合わせますので、風があると比重の軽い種子は遠くへ飛ばされることがあります。このため、均一に混合された種子が平均に播種できなくなることになります。

ドロップシーダー

サイクロンによる播種

ドロップシーダーによる播種

一方向だけでは播きムラが生じやすい

### (4) 覆土・鎮圧

播種後は、レーキか小型金網などで土壌の表面を軽くかく拌し、その後、ローラーなどで鎮圧します。とくに覆土の必要はありませんが、播種された種子が風で飛ばされたり、水に流されたりしないように、ベンネットや寒冷紗、有孔ポリエチレンフィルムなどの被覆資材で保護すると、より効果的です。

### (5) 潅水

播種直後から発芽が確認されるまでは、潅水が必要です。とくに砂の割合が多い土壌基盤の場合、1日2回程度の潅水を必要とすることもあります。一度に多量の潅水は避けるべきで、土壌の表面が乾かないように回数を多くした方が効果的です。

有孔ポリエチレンフィルムや寒冷紗などは、発芽後に気温が上昇すれば速やかに除去するようにします。高温によるムレによって、幼植物が枯死したり、病原菌による立枯病などが発生する危険性があります。ベンネットは植物性繊維なので、自然に腐食し分解します。

### (6) 施肥

播種された種子がスムースに発芽して定着するためには、初期の生育管理は非常に重要です。通常、**発芽1週間後あたりから芝草種子自体の養分が不足し始めますので、この頃をめどに施肥を行います。**肥料はチッソ、リン酸、カリウムがそれぞれ8〜10程度の速効性のものを20g/㎡程度施し、その後、1〜2週に1回程度、同量の肥料を施します。

鎮圧作業

## 4　張芝による造成

　栄養繁殖による造成といわれるものです。基本的には、ほふく茎を有する草種がこの方法での造成が可能であり、株タイプのものはあまり向きません。張芝は一定サイズに切り揃えられた短形の芝を、1㎡単位に束ねてあります。それを整地した床土に並べて張るわけですが、いずれもターフの仕上がりが種子に比べて早い代りに、造成費用は高くつきます。張芝施工前の床土の鎮圧には、200kg以上のローラーを使用します。

### (1) 張芝の方法

　張芝の方法には全面張り（べた張り、100％張り）、目地張り（70％張り）などの張り方があります。目地張りは、芝片（ソッド）と芝片との間を空けて張ることをいい、空いた部分を目地（めじ）といいます。市松張り（50％張り）もこの一種です。

#### 1）全面張り（べた張り）

　芝を100％に張る方法で、張芝をもっとも多く必要とします。短時間でターフの形成ができ、目土の量も少なくてすみます。

#### 2）目地張り

　張芝を行う場合のもっとも一般的な造成方法です。芝片と芝片の間を空けて張っていく方法で、目地の広さが問題となります。目地が広ければ、その分だけ芝生になる時間を要し、狭ければターフ形成は早いが材料を多く必要とします。一般に目地の割合は30％としますが、張り終わった後、上から目土をかけ100kg以下のローラーで鎮圧します。目土の量は15〜20mm厚が適当であり、雑草種子の混入が無いもので、粒径3mm以下の山砂を使用するのがよいでしょう。

#### 3）互の目張り

　目地張りを広げ、市松張りに近づけた方法で、面積の70％程度の材料を使用します。

#### 4）市松張り

　市松状に張る方法で、面積の半分程度の材料を使用します。

#### 5）筋張り

　芝片を横に連続して並べて張り、芝片を1枚分抜いて次の列に横に連続して張る方法で、面積の50〜60％の材料を使用します。

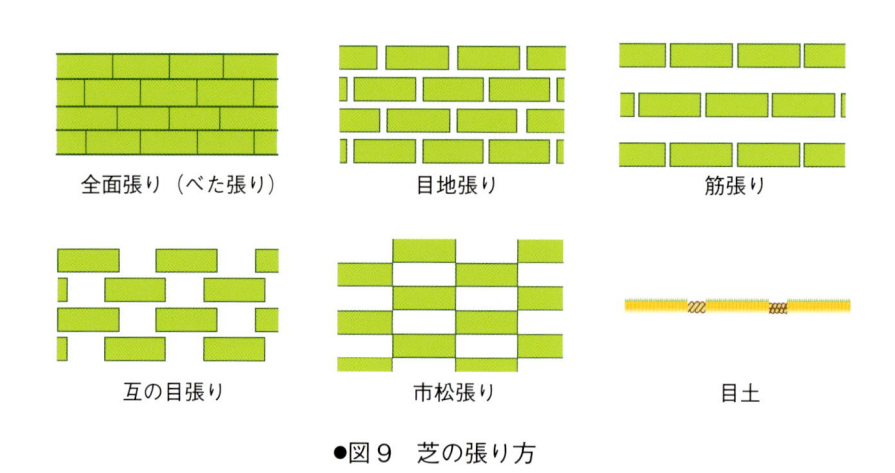

●図9　芝の張り方

張芝施工（全面張り）

## (2) 張芝の時期

　張芝の施工時期は暖地型芝草の場合、生育期間を有効利用するため、3月から6月上旬までに施工して梅雨を迎えると、もっともよい結果が得られます。8月から10月頃までも施工できますが、高温や乾燥のため、潅水が必要となります。秋の施工では、冬期に地上部が枯れて休眠するため、乾燥によって枯死することが多くなります。また、2月の施工も乾燥のため活着しない場合が多いですので、潅水は不可欠です。それ以外の時期の施工は、危険が伴いますので避けるべきです。

　寒地型芝草は、早春からでも施工できますが、8月下旬から9月の施工がもっともよい結果が得られます。雑草の侵入も少なく、芝草の生育適温のためよく伸長します。潅水が十分であれば夏期でも施工が可能ですが、切り取られた張芝は速やかに施工することが大切です。気温が高い時期は、張芝がむれて活着がきわめて悪くなりますので、注意が必要です。

## (3) 張芝施工後の手入れ

　張芝施工後は目土を入れます。初めは、張った芝の上から15〜20mm程度の厚さに平均にまきます。その上を100kg以下のローラーなどで鎮圧し、張芝と床土がしっかりなじむように十分に潅水を行います。目土は芝生面の凹凸がなくなるまで、2〜3回は必要です。

目土作業

目土後の鎮圧作業

### (4) 潅水

張芝が発根して完全に定着するまでは、潅水が必要です。潅水は施工直後から行い、以後、表面が乾かないように1日に2～3回、とくに床土が砂地の場合は発根まで回数を多くします。

### (5) 施肥

張芝の発根が確認されたら、肥料を施します。初めは、液肥または肥料を溶かしたものを、潅水と同時に行うとよいでしょう。とくに、チッソ成分を中心に1kg/10aを1,000ℓの水に溶かして散布します。

### (6) 校庭芝生への張芝導入の問題点

コウライシバやノシバ、一部のティフトンなどの張芝は、鹿児島県、宮崎県、熊本県、鳥取県、静岡県、茨城県などが主産地です。それらの生産圃場はロームと呼ばれる火山灰や粘土分の多い土壌のため、切り出された張芝の根や地下茎は、その土壌を保持したまま出荷されます。通常、これらの張芝は校庭にもそのままの状態で張りつけられます。これらの土壌は多湿状態で激しい踏圧や鎮圧によって土壌構造が破砕され、きわめて透水性の悪い状態になります。当然、芝草の根は酸素不足になり、地上部分は排水不良となり、芝生は急速に衰退してしまいます。激しい踏圧が予想される校庭芝生には、このような張芝の使用はできるだけ避け、播き芝や種子からの造成を行うべきでしょう。**張芝が余儀なくされた場合は、現地土を水で洗い流して使用することをおすすめします。**

張芝の粘土層（右のコアの濃い部分は根の伸びが悪い）

コアリング後の状態

固結した土壌層(黒い部分)

## 5 播き芝による造成

　整地した後に、3〜4節をつけた芝草の苗を浅い溝に植えたり、ばら播きして床土と混合して造成します。この造成法は、主としてティフトンなどのバミューダグラスで行われ、通常の張芝に比べて芝生造成費用は安くてすみます。

### (1) 播き芝の方法

　苗芝の根茎を3〜5cmに切りほぐし、整地された床土の上に散布します。その後、軽く覆土をして、ローラーなどで鎮圧して十分に潅水します。ティフトンの場合、苗芝は芝生化計画面積1,000m²当たり100m²前後必要とされます。苗芝の根茎を細かく切って、すじ状または株間を空けて植えていく方法もありますが、ばら播きよりはターフの形成は遅くなります。この場合、条間は15〜20cmが適当とされています。また、別の場所であらかじめポットなどに育苗しておき、株間をあけて苗を移植して造成する事例もあります。

播き芝(ほぐし苗)の散布

ティフトン播き芝の施工作業

### (2) 播き芝の時期

播き芝の施工時期は張芝に準じます。苗芝の量により、ターフの形成までには時間差が生じますので注意が必要です。

### (3) 潅水

播き芝の施工後は、目土を入れてよくかき均し、苗芝の各節から発根して完全に定着するまでは、潅水が必要となります。潅水は、床土の表面が乾かないように1日2～3回行い、とくに床土が砂地の場合は発根まで回数を多くします。

### (4) 施肥

苗芝の発根が確認されたら肥料を施します。施肥量などは張芝に準じます。

播き芝の鎮圧作業

# 第6章

# 維持・管理に必要な作業と知識

## みんなが言うほど難しくない手入れ

校庭芝生の管理には、刈り込み、施肥、目土、潅水、サッチの除去、更新、雑草防除などの作業が必要です。芝草の種類や土壌の質・構造、芝生の利用目的、使用頻度によっても管理方法は大きく異なります。目的に応じた芝生の品質を保持するために、必要とされる管理作業や方法、内容がそれに伴って変わってきます。

管理作業の内容をよく知った上で、学校関係者などで行える日常的（定期的）な管理作業、および更新作業などの専門的な技術を必要とする作業とを区別しておく必要があります。年間を通して、良好な芝生を維持するには、管理技術と同時に校庭の利用法にも留意する必要があります。すなわち、校庭の利用制限や進入路の分散、立入り規制による踏圧からの保護など、芝生の養生期間を設けるなどして利用計画を立てることも重要です。

## 1　刈り込み

　刈り込みは、芝草の分げつとほふく茎の伸長を促進し、密度を高める効果があります。芝生の密度を高めることで、雑草の侵入を軽減させる効果も期待できます。

### (1) 刈り込み時期

　芝生造成を目指して、種子や張芝の施工が終わって芝草が定着すると、最初の芝刈りを行わなければなりません。芝草の草丈が70〜80mmに伸びた頃から刈り込みを開始します。まず、芝刈機を45mm位の高さにして刈り込みます。その後、芝草が60mm位になったら35mmに、50mm位になったら30mmという具合に徐々に低くしていきます。**芝草を長く伸ばして、これを一度に低く刈り込むと、芝草の生長点も刈り取ることになり、芝生は茎ばかりになって枯死してしまいます。**刈り込みは、まず一方向に刈り込んだ後、さらにその方向に直角になるように刈り込むと美しく仕上がります。

芝刈り作業

急激な低刈りにより枯れた芝生

### (2) 刈り込み頻度

　芝生の刈り込みは、回数が多いほど美しい芝生を形成しますが、その手間も大変です。芝生の適切な刈り込み頻度は、芝草の種類や気候条件、土壌、養分などによっても異なります。校庭芝生の一般的な事例を表21に示しましたが、芝草の生長が旺盛な時は、少なくても週1回は刈り込みが必要です。暖地型芝草に比べて、寒地型芝草の方が年間を通じて生育期間が長いため、刈り込み回数も多くなります。

　梅雨期は日照不足や過湿、チッソの施用などにより、芝草が急激に伸びて徒長することがありますので、刈り込み間隔は十分に注意

します。また、芝草の刈りくずを芝生の上に放置すると、これが後述するサッチ集積の一つの原因になりますので、刈りくずは除去することが大切です。

> **活動会員の悩みごと（未解決事項）**
> **刈りくずを有効活用できないか**
> 芝刈り度に刈りくずをゴミとして捨てるのではなく、何か有効利用できないものか…。手っ取り早いのは堆肥化して再利用する方法ですが、都会の学校では臭いの問題とスペースに余裕がありません。

刈りくず

● 表21　校庭芝生の年間刈り込み回数（例）

| 草　種 | 1月 | 2月 | 3月 | 4月 | 5月 | 6月 | 7月 | 8月 | 9月 | 10月 | 11月 | 12月 | 年間合計 |
|---|---|---|---|---|---|---|---|---|---|---|---|---|---|
| ノシバ<br>コウライシバ | − | − | − | 2 | 4 | 4 | 4 | 4 | 4 | 3 | 1 | − | 26 |
| バミューダグラス<br>ティフトン | − | − | − | 2 | 4 | 4 | 4 | 4 | 4 | 2 | 1 | − | 25 |
| 寒地型芝草（移行地帯） | − | 1 | 3 | 4 | 4 | 4 | 4 | 4 | 4 | 4 | 3 | 1 | 36 |
| 寒地型芝草（寒冷地） | − | − | − | 2 | 3 | 4 | 4 | 4 | 3 | 2 | − | − | 22 |
| 暖地型と寒地型混合<br>（オーバーシードを含む） | − | 1 | 2 | 3 | 4 | 4 | 4 | 4 | 4 | 4 | 3 | 1 | 34 |

## (3) 刈り高

　管理条件や使用目的、利用頻度によっても異なりますが、一般に校庭芝生の刈り高は25〜30mmが適当でしょう。表12（33ページ）に、芝草の適正な刈り高を示しましたが、トールフェスクやペレニアルライグラスなどの株型の芝草は高刈りに適し、ベントグラスやバミューダグラス類などのほふく型の芝草は低刈りに耐えます。基本的に、**刈り高は芝草の生育が旺盛な時期は低くし、生育が鈍い時期は高く設定します**。寒地型芝草は冬期には生長が鈍るため、この期間のすり切れなどを防止する意味からも高刈りがよいでしょう。また、**地表面の凹凸（不陸）は刈り込みの際に低刈りの原因となりますので、目土の散布や芝の張り替えなどの補修が必要です**。

## 2　芝刈機（ローンモア）の種類

芝刈機は、リール式がもっともよく普及しており、その他にもロータリー式やフレール式などがあります。芝刈機は、大型から小型、自走、手押し、牽引から動力（ガソリンや電気）によるものまで、数多くの機種がありますので、面積や利用目的に応じて選ぶことが必要です。ここでは、校庭の芝生で主として使用される芝刈機の種類と特徴について述べます。

### (1) リール式

回転刃と受刃で芝草の茎葉を挟んで刈り込む仕組みで、芝刈機としてもっとも一般的な形式です。他の形式よりも、茎葉の切り口がきれいで、表面が滑らかです。一般に、刈り高50mm以下の芝生に適し、芝生が伸びすぎた状態で使用したり、刃の切れが悪いと集草器に刈りくずが入りにくくなります。また、集草器の刈りくずは満杯になり次第、取りかえないと刈りくずが中途に詰まり、芝生はトラ刈りになりやすくなります。リール式芝刈機は刃と刃のすり合わせが悪いと切れ味が落ちるので、刃の調整に注意を要します。

### (2) ロータリー式

回転板に取り付けられた刃が、水平方向に回転する構造になっています。刃が高速で回転する勢いで、芝草の茎葉を切断するため、リール式のような滑らかな切り口にはなりません。作業効率が良いので、広い面積の芝生の管理に適しており、粗放な管理をする芝生地での利用が多いです。刃のすり合わせの調節が必要ないので、機械の管理も比較的容易です。ただし、茎の硬い雑草や小石などの雑物が多い芝生地では、回転軸に茎が絡まったり、小石などが回転刃によってはじき飛ばされたりするので不向きです。

ロータリー式芝刈機

### (3) フレール式

棒状の一つ一つの刃がシャフトに固定されておらず、自由に動くようにつり下げてあります。シャフトが高速で回転すると、遠心力で刃が延びて芝草の茎葉を刈り取ります。別名、ハンマーナイフといいます。主に粗放的な芝生や堤防・田のあぜ草などの刈り取り利用されます。

リール式芝刈機

フレール式芝刈機

### (4) 肩掛け式刈払い機

　大型のローンモアで刈り込みができない狭い場所や鉄棒の支柱、遊具周りなどに使用されます。この形式には、刈刃が円盤式でノコギリ状のものとナイロンコード式があり、それぞれガソリンまたは電気（バッテリー式）を動力としています。円盤式は、石などに当たるとチップが飛んでしまうことがありますので、カバー付きのものを選ぶとよいでしょう。ナイロンコード式は、硬くなった草を刈るには不向きであり、石を飛ばしてしまうので注意が必要です。

### (5) 手動芝刈機

　校庭の芝生の中で、ランチガーデンなどの小さい面積では、手動芝刈機を使用する場合があります。手動芝刈り機はリール式であり、刈り幅17〜35cm程度で、児童・生徒が使用しても安全性は高いです。

手動式芝刈機

## 3　肥料

　芝草は土壌中の肥料成分を吸収して生長しますが、これらの成分は水に溶けた形で芝草の根から吸収されます。芝草を刈り込むことによって発生した刈りくずは、芝生以外の所に運び出されますので、刈りくずに含まれている肥料成分は、芝生の土壌中から奪われることになります。肥料成分の中には、土壌中で水に溶けて芝草の根が届かない所に流亡するものもあります。そのため、芝草をよく育てるためには、十分に肥料を施さなければなりません。肥料を施さず、芝草の生育を抑えて刈り込みの手間を少なくするなどという考えをおこすと、芝生の密度は下がり、たちまち雑草がはびこって芝生は衰退してしまいます。

## (1) 芝草に必要な養分

芝草に必要な養分は、表22に示したとおりですが、このうち有機物を構成する炭素、水素、酸素は空気と水から得られ、必須養分元素のほとんどは土壌中に存在します。必須養分元素は芝草の生育に不可欠のものであり、このうち、チッソ、リン、カリウム、カルシウム、マグネシウム、イオウの6元素は、芝草が必要とする量が多いので、多量元素といいます。その中でもチッソ、リン、カリウムは多量を必要とし、必ず施用しなければならないので、肥料の3要素といわれています。

一方、マンガンやホウ素、鉄、亜鉛、銅、モリブデン、塩素は、芝草にとってその必要とする量は少ないので微量元素（要素）といいます。有益元素は、これらが欠乏しても芝草の生育が損なわれることはないものの、土壌中にある程度以上存在すれば、芝草の生育を促進させることができます。

以下、必須養分元素および微量元素のうち、芝草の生育にとって、とくに重要と思われる元素について述べます。

●表22 植物の必須元素の区分

| 区分 | | | 元素名（化学記号） |
|---|---|---|---|
| 有機物構成元素 | | | 炭素(C)、水素(H)、酸素(O) |
| 必須養分元素 | 多量元素 | 3要素 | チッソ(N)、リン(P)、カリウム(K) |
| | | その他 | カルシウム(Ca)、マグネシウム(Mg)、イオウ(S) |
| | 微量元素 | 成分保証元素 | マンガン(Mn)、ホウ酸(B) |
| | | その他 | 鉄(Fe)、亜鉛(Zn)、銅(Cu)、モリブデン(Mo)、塩素(Cl) |
| 有益元素 | | | ケイ素(Si)、ナトリウム(Na)、セレン(Se)、ヨウ素(I)、アルミニウム(Al) |

### 1）チッソ

チッソは芝草の生長をもっとも強く支配する元素の1つであり、反応は鋭敏かつ大きいです。チッソの供給が十分あると、葉緑の増進、茎の分げつ、葉の展開と伸長、葉面積の拡大などが促進されます。一方、チッソの欠乏は茎葉の伸長鈍化と葉色の黄化などをもたらします。従って、芝草の生育期間中は頻繁な刈り込みによって養分が収奪されることもあり、十分な量のチッソが施用されなければなりません。

チッソが過剰に施用された場合、芝草体内の水分含量が高まり、細胞壁は薄くなって、旱ばつや低温、病虫害、刈り込み、踏圧、すり切れなどのストレスに対する抵抗性が低下し、サッチの集積が増加します。

### 2）リン

リンはリン酸 $P_2O_5$ として芝草体内に吸収され、そのままの形で有機物に取り込まれて、細胞核、細胞膜、分裂組織などを構成し、呼吸、光合成、タンパク合成、遺伝などに重要な役割を果たします。リン酸は、芝草の幼植物の根の発達を促し、更新作業後の根の新生を早めます。

リン酸が欠乏すると細胞の分裂・増殖が低下し、発根や分げつ、茎葉の生長が悪くなり、葉色も暗緑を呈して下位葉および茎の基部がアントシアンの沈積によって紫色になります。また、リン酸の不足は高温、低温、乾燥、湿潤などの環境ストレスに対する抵抗力も弱くなります。

### 3）カリウム

カリウムは土壌中では、チッソやリン酸と異なって、有機態のものはほとんど存在しません。通常、$K_2O$ の形で示され、芝草体内ではイオン状の水に溶けた状態で存在します。カリウムは、光合成作用、炭水化物やタンパク質の形成、酵素の触媒作用、気孔の開閉、細胞中のpHや浸透圧の調節作用に関与すると考えられています。芝草におけるカリウムの役割は、貯蔵養分の蓄積、耐踏圧性や耐病性の付加があげられます。

カリウムが不足すると、タンパク質やでんぷんなどの合成が抑制され、アミノ酸、糖類が集積するとともに細胞膜や細胞壁が薄くなり、損傷に対する抵抗性を失います。また、気孔の調節反応も鈍くなるため蒸発散の調節ができなくなり、耐旱性が低下します。さらに、根系の発達、貯蔵炭水化物も減少することから、刈り込み抵抗性を減退させ、再生力も低下させます。カリウムの欠乏は、全体に葉は暗緑色となり、葉脈間の組織から黄化が始まり、次第に褐変して枯死するようになります。カリウムの過剰は、拮抗作用として、カルシウムやマンガンなどの吸収阻害として現れます。

### 4）カルシウム

カルシウムは、通常 CaO として示されます。一般にカルシウムは芝草の葉に存在し、体内代謝生産物の中和、細胞液のpHや浸透圧の調節を行っています。カルシウムの欠乏は上位葉の黄化や種子の発芽障害などとして現れます。カルシウムの過剰は、拮抗作用としてマグネシウムやカリウムの吸収を阻害し、鉄などの微量要素の欠乏をまねきます。

### 5）マグネシウム

マグネシウムは MgO として示されることが多いです。マグネシウムは葉緑素の構成成分で、光合成に大きな役割を果たしており、炭水化物の転流にも関与しています。マグネシウムの欠乏は、葉のクロロシス（黄化）をもたらします。黄化部分が葉脈に沿って数珠玉状に連続します。マグネシウムの過剰は、直接的な生理障害として根の発育低下の形で現われ、拮抗作用としてカルシウムやカリウムの吸収を阻害します。

### 6）イオウ

イオウは $SO_4^{--}$ として芝草に吸収されます。イオウが欠乏すると、葉は薄い黄緑色を呈するようになり、葉のまわりに日焼けが出やすくなります。アルカリ性になりやすい土壌では、イオウの補給が必要となります。

### 7）鉄

鉄は葉緑素の形成に大きく関与しています。このため、鉄が欠乏すると若い葉に鉄黄変と呼ばれる黄化症状が現われます。マグネシウム欠乏によっても黄化が現われますが、鉄は芝草体内の移動性が低いため、欠乏症状は新葉に現われます。鉄の過剰は、拮抗作用としてマンガンの欠乏をおこします（新緑の葉脈に沿って黄色のシマ状になる）。

### 8）ケイ素

ケイ素はケイ酸 $SiO_2$ として存在しますが、ケイ酸は通常の1/2から1/3近くまで土壌に含まれ、主な構成成分となっています。このため、ケイ酸の施用が注目されることはほとんどありませんでした。最近の芝生の造成に、砂の使用が多くなっていますが、砂には有効ケイ酸がほとんど含まれていません。ケイ酸の施用効果は、イネ科植物の生理作用を促すなど、その効用が注目されるようになっています。

### 9）微量元素（要素）

芝草の生育にとっては必須であるが、その要求量の少ないのが微量元素（要素）です。芝草の生育には、鉄のほかマンガン、亜鉛、銅などがとくに重要です。土壌がアルカリ性になると、これらの微量元素は不溶性となって、芝草に吸収されにくくなり、欠乏をおこしやすくなります。

## （2）肥料の種類

肥料は、組成、形態、性状、製造法などによって種々分類されるが、校庭の芝生に使用されるもののみに限定して、それらの特長を述べます。

### 1）有機質肥料

有機質肥料は動植物に由来するもので、主成分はチッソ、リン酸、カリウムの肥料3要素です。大部分が有機態の形で含まれていますので、微生物の作用を受け無機化された後、芝草に利用されます。緩効的であるので、土壌基盤に改良材と共に施されることも多いです。有機質肥料は、チッソ、リン酸、カリウムのほかに多種類の肥料要素を含んでおり、総合的な肥料としての特長をもっています。

### 2）化成肥料

チッソ、リン酸、カリウムの肥料原料を配合し、造粒または成形したものや、化学的操作を加えたもので、肥料3要素のうち、2成分以上の合計量が10％以上保証されたものです。3要素の2成分以上の合計が30％以上のものは高度化成と呼ばれ、それ以下のものは普通化成と呼ばれています。一般に、校庭芝生には、チッソ、リン酸、カリウムがそれぞれ8〜10程度の速効性の化成肥料がもっとも扱いやすいでしょう。

化成肥料

### 3）緩効性肥料

肥料による濃度障害や肥料成分の利用率を向上させるために、肥料の緩効化が図られたものが緩効性肥料です。校庭芝生などで施肥回数の削減や肥効の持続性をねらって施用されることがあります。

### 4）液状肥料

肥料成分を含む水溶液が液状肥料です。芝生の刈り込みが頻繁に行われる場合には、追肥として速効的な液状肥料を使用することがあります。

## （3）施肥量と施肥時期

芝草への施肥には、季節的に施す基肥（元肥）的性格のものと、刈り込みや生育状態によって施す追肥とに分けられます。基肥は、一般に春と秋に施用しますが、春には夏の生育のためにチッソ肥料を多くし、秋には翌春の萌芽のためのエネルギー源で、リン酸やカリウムを多くします。多肥は、土壌中の養分を高レベルに保つため、芝草の耐病性を低下させ、逆に少肥による栄養不良でも耐病性を低下させます。また、少肥栽培は芝草の草勢を低下させて、芝草の密度を下げるので、雑

草の侵入を容易にします。従って、芝草の施肥は過多にならず不足にならないようなレベルで行うことが重要です。

表23には、各草種の肥料要求度(37ページ、表16)をもとにして、肥料3要素の施用量例を示しました。また、校庭芝生の標準的な施肥回数を表24に示しましたが、芝草の生育が旺盛な時期や雨などによって肥料の流亡が認められた場合は、回数や量を増やさなければなりません。

●表23　校庭芝生における肥料3要素施用量例(g/㎡／年)

| 区　　分 | チッソ | リン酸 | カリウム |
|---|---|---|---|
| ノシバ、コウライシバ | 10〜20 | 10〜18 | 10〜15 |
| バミューダグラス | 18〜35 | 25〜30 | 15〜20 |
| トールフェスク | 18〜40 | 10〜15 | 10〜20 |
| ケンタッキーブルーグラス | 16〜30 | 10〜15 | 10〜15 |
| ペレニアルライグラス | 18〜45 | 12〜20 | 10〜20 |

肥料散布作業

●表24　校庭芝生の年間標準施肥回数（例）

| 草　　種 | 1月 | 2月 | 3月 | 4月 | 5月 | 6月 | 7月 | 8月 | 9月 | 10月 | 11月 | 12月 | 年間合計 |
|---|---|---|---|---|---|---|---|---|---|---|---|---|---|
| ノシバ<br>コウライシバ | − | − | 1 | 1 | 1 | 1 | 1 | 1 | 1 | 1 | − | − | 8 |
| バミューダグラス<br>ティフトン | − | − | 1 | 1 | 1 | 1 | 1 | 1 | 1 | 1 | − | − | 8 |
| 寒地型芝草（移行地帯） | − | − | 1 | 1 | 1 | 1 | 1 | 1 | 1 | 1 | 1 | 1 | 10 |
| 寒地型芝草（寒冷地） | − | − | 1 | 1 | 1 | 1 | 1 | 1 | 1 | 1 | − | − | 8 |
| 暖地型と寒地型混合<br>（オーバーシードを含む） | − | − | 1 | 1 | 1 | 1 | 1 | 1 | 1 | 1 | 1 | 1 | 10 |

＊1ヵ月当たりの施肥量は、チッソの成分量で3〜4g/㎡を目安とする。例として、N＝10の肥料の場合30〜40kg/1,000㎡に相当。
＊芝生の生育が十分に認められた場合は、冬期間でも施肥を行ってもよい。

## 4　目土

目土とは、芝生の表面に土壌を施用することです。目土散布は、芝生を美しい状態に保つために欠かせない作業です。通常、校庭芝生には目土として、粒径3mm以下の山砂を使用するとよいでしょう。

## (1) 目土の目的と意義

芝草への目土施用には、次のような目的と意義があります。

1) **芝草の生長点を保護し、芝生の被覆率を向上させます。**——芝生地の間隙や裸地化した部分に目土が入り、芝草のほふく茎や分げつが入り込んですき間がうめられます。
2) **表層土壌が改良されます。**——ノシバやコウライシバ、バミューダグラスなどは、絶えずほふく茎や直立茎を新生して、永続性を維持します。このような繰り返しがスムースに行われるために、絶えず新しい目土を補給しなければなりません。
3) **サッチの集積抑制と分解を促進させます。**——目土の施用により、土壌微生物の活動が高められ、サッチの分解が促進されます。サッチの減少はマット状態の軽減につながります。
4) **旱害の軽減に有効です。**——目土のもつ乾燥防止や保水効果を利用して、旱ばつの軽減に役立ちます。
5) **芝生地の凸凹（不陸）を修正します。**——球技を行うスポーツでは、球の転びやバウンドにおける不規則性を改善できます。芝生を低く、均一に刈り込むことができます。
6) **張芝・播き芝、オーバーシーディングの際に施用します。**——張芝や播き芝の活着、種子の発芽・定着を促進させます。

## (2) 目土の施用方法

目土の施用は、小面積の場合は、粒径3mm以下の山砂を人力で散布した後、板レーキ（トンボ）で芝生地にすり込みます。大面積の場合は、目土を専用の散布機で散布した後、スチールマットやブラシですり込みを行います。少量の目土を均一に散布する場合には、専用機を使用しないと散布できません。目土の施用で大切なことは、適湿の芝生地に乾燥した目土を施用することです。芝生が湿っていると目土が入りにくく、また、目土が湿っているとすり込みにくく、薄く均一に散布することが困難になります。

目土配布

目土作業

### (3) 目土の施用時期

目土を施用する時期は、芝草の草勢の旺盛な時期に限るべきです。芝草の萌芽時や高温、多湿、病気などストレス状態にある時期や芝草の生育休止期などには、目土の施用は必要最小限にとどめるか、むしろ避けるべきです。

一般に、目土の施用時期は、暖地型芝草では4～9月、寒地型芝草では3～6月、9～11月です。コアリングなどの更新作業を行った後は、必ず目土を施用しなければなりません。目土の施用時期を表25に示しましたが、校庭芝生の場合、目土の量は1回当たり2～4mm厚とし、1年間で10mm厚程度を目安にします。

●表25　校庭芝生の年間目土と更新作業回数（例）

| 草種 | 作業内容 | 1月 | 2月 | 3月 | 4月 | 5月 | 6月 | 7月 | 8月 | 9月 | 10月 | 11月 | 12月 | 年間合計 |
|---|---|---|---|---|---|---|---|---|---|---|---|---|---|---|
| ノシバ<br>コウライシバ | 目土 | | | | ● | | | | ● | | | | | 2 |
| | コアリング | | | | ● | | | | ● | | | | | 2 |
| | バーチカル | | | ● | | | | | | | | | | 1 |
| バミューダグラス<br>ティフトン | 目土 | | | | ● | | ● | | ● | | | | | 3 |
| | コアリング | | | | ● | | ● | | ● | | | | | 3 |
| | バーチカル | | | ● | | | | | | | | | | 1 |
| 寒地型芝草<br>（移行地帯） | 目土 | | | | ● | ● | | | | | ● | | | 3 |
| | コアリング | | | | ● | | ● | | | ● | | | | 3 |
| | バーチカル | | | | ● | | | | | | | | | 1 |
| 寒地型芝草<br>（寒冷地） | 目土 | | | | ● | | ● | | | ● | | | | 3 |
| | コアリング | | | | ● | | ● | | | ● | | | | 3 |
| | バーチカル | | | | ● | | | | | | | | | 1 |
| 暖地型と寒地型混合<br>（オーバーシード<br>を含む） | 目土 | | | ● | | | ● | | | ● | | | | 3 |
| | コアリング | | | ● | | | ● | | | ● | | | | 3 |
| | バーチカル | | | ● | | | | | | | | | | 1 |

＊9月のオーバーシーディングには、スパイキングが有効な場合がある。

グラウンドブラシによる目土のすり込み

目土散布専用機

# 5　潅水

　芝草への水の供給は、土壌中の水分から根を通して吸収されます。土壌中の水は、そのほとんどが降雨に由来しますので、降水量は芝生の維持管理の上できわめて重要です。日本の1年間の降水量であれば、芝草の生育に必要な水分は十分得られますが、降雨量は季節によって片寄ることが多いものです。梅雨や台風シーズンには潅水を控えたり、水不足の時期には補うなど、芝草の生育状態と気象条件をみながら、適切に行うことが重要です。

## (1) 潅水の時期

　張芝や播き芝あるいは播種後の発芽・定着までの期間は、水分は不可欠であり、潅水の必要性がきわめて高い時期です。とくに、夏期は降雨量が少なく、その上に暑さが加わるので、水切れには注意が必要です。暖地型芝草は7～8月の生育盛期には、高温多照によって、1年中で草勢がもっとも強くなりますので、これに相応した多量の水の供給が必要となります。

　潅水は、水分の蒸発量が少ない深夜から早朝の気温が上がらない時間帯に行うことが望ましいです。とくに、真夏には最高気温が30℃を超え、地温も上がります。高温多湿の状態になると、芝草は病気にかかりやすくなるので、夕方の潅水は絶対に避けなければなりません。

## (2) 潅水の量

　コウライシバは、1年間の乾物生産量が200～600kg/1,000㎡で、その1gを生産するのに必要な水の量が500～600gと概算されています。従って、コウライシバに必要な水は1年間に200～240ℓ/㎡、雨量に換算して200～240mmとなり、計算上では降水量で十分まかなえることになります。また、バミューダグラスの場合、1カ月当たり130mm前後の水分を必要とし、砂質土壌では3～4日間隔で12～20mmの潅水が必要とされています。

　潅水の必要量は土壌構造や芝草の種類などによって大きく異なります。一般に、寒地型芝草は暖地型芝草に比べて水分要求量が多いです。芝草が最大に消費する水分量は1日当たり4～5ℓ/㎡と言われており、これ以上の潅水は不必要といえます。

播種直後の潅水

オーバーシーディング直後の潅水

### (3) 潅水の方法

　潅水には水道または井戸、池などの水源から直接水を引く方法があります。埋設式の潅水装置（スプリンクラー）は設備費がかかりますが、操作は簡単なので頻繁に潅水を行う場所に適します。移動式のものは、潅水頻度が少ない場所に適しますが、ノズルが回転するタイプと左右に振れるタイプ（オシレーター式）とがあります。また、ホースに一定間隔で穴をあけた簡便な装置もあり、水が高く飛び出ることがないので、狭い場所にも使用できます。

　潅水は全域に分布するノズルから同時に行う方法や時間をずらして行う方法があります。水圧が十分であれば、一斉に潅水する方が作業が短時間で済みますが、面積が広く水の消費量が大きい場合や地形に起伏があって、ノズルの位置に高低差があり、水圧に差ができるような場合には時間をずらして潅水を行います。

## 6　サッチの集積と除去

　サッチは芝生の刈りくずや芝草の茎、葉、根などが枯死して、しかも分解しないで残っている有機物のことをいいます。サッチが芝生に集積すると、土壌や根に水や空気が浸透しにくくなり、芝草が衰弱していきます。肥料を施しても、このサッチに吸収されて土壌まで届きません。一般に芝生地では、サッチが分解するよりも、サッチが集積する方が早く、サッチの量は増加しつづけます。また、サッチは地面に接触した部分は腐敗しますが、上層部のものは乾燥のため、腐ることがありません。

　芝草の種類や品種によって、サッチの集積量は異なります。生長が早いものほどサッチの集積量は多くなり、これを除く必要性も大きくなります。サッチを減らす方法は、機械的な除去と微生物による分解とがあります。前者は、バーチカルモアというサッチを取り除く機械で行われ、作業後はサッチを集めて芝生の外に運び去らなければなりません。後者は、目土の施用と通気作業によって可能です。

バーチカル機械

サッチの集積は、芝生にクッションを与えたり、水分保持や保湿に役立ちますがデメリットの方がはるかに大きいです。サッチの進行は、チッソ肥料の過剰施用、水の過剰散布、エアレーションの欠除、排水不良などによって加速されますので、芝生の日常管理に十分注意しながら行わなければなりません。

サッチのかきとり作業

## 第7章

# 芝草の品質を高める技術
### サッカー場のピッチとまではいかないまでも…

芝生は古くなると荒れてきて、雑草が侵入しやすくなります。芝生が荒れる原因は、排水不良や踏圧による土壌の固結、日陰、肥料や水不足などが考えられます。傷んだ芝生を健全な状態に回復するためには、いろいろな更新作業が必要となります。

# 1　芝生の更新

　芝生は、造成して年次が経過してくると荒れてきて、所々で裸地が見えるようになります。そのような場所には雑草も侵入しやすくなり、芝生はますます荒れていきます。これらの原因は、サッチの集積や芝草の根群が芝生の表層に発達し、やがて根系が逆に退化して養分や水分の吸収能力が低下するためです。また、人や管理機械などの過剰踏圧によって、芝生の表層土壌は固結し、根系の退化や透水性の不良化、土壌の通気が悪くなっています。これらの状態は、芝生造成後2～3年位からみられ、強制的な方法での更新作業が必要となります。校庭芝生における年間の更新作業回数を表25（65ページ）に示しました。

## (1) 土壌硬度と改善の目安

　芝生地の土壌硬度は山中式土壌硬度計による測定が一般的に行われます。芝草の根の伸長と山中式土壌硬度計の指標硬度の関係では、23mm程度で根の伸長抑制が始まり、27mm程度で根の伸長が著しく阻害され、29mm程度で根の伸長が困難となります。従って、23mm以上を示す土壌では何らかの更新作業を行った方がよいでしょう。校庭芝生では、快適さや永続性を保つために、常時、18～22mmを維持したいものです。

硬い土壌ではコアリング機は深く入らない

## (2) 通気（エアレーション）

　固結した土壌をほぐす作業を通気（エアレーション）といいます。通気はサッチ層やルートマット層の除去と分解促進、土壌固結の改善、通気性や透水性を改善し、老化した芝草の根に活力を与えます。

### 1）コアリング

　コアリングは、中空のタイン（筒）を地面に差し込んで土壌を抜き取る作業です。コアリングには専用の機械があり、タインの大きさは直径6～19mmで、作業深さは7～10cm程度コアを抜き取り、間隔は5～

山中式土壌硬度計

コアリング機械

10cmのものが多いです。コアリング機には、タインがドラムまたは円盤について回転運動するタイプと上下運動するタイプに分かれます。上下運動のものは速度が遅く、作業能率が落ちますが、地表面を荒らすことなく深い穴をあけることができます。回転運動のものは、浅めではありますが、短時間に広い面積を処理できます。

　抜き取ったコアは、回収して芝生の外に持ち去る場合とその場に残す場合とがあります。残す場合は、バーチカルカッティングを続けて行うか鋼鉄製のマットをひいてコアを粉砕し、芝生面にすり込むかします。コアリングの直後には目土を入れて、穴を埋め戻すことも多いです。

人力によるコアリング

コアリングの穴

## 2）スパイキング

　スパイキングは、回転板についた棒状タインまたは先端を尖らせた刃で芝生や土壌表面を突き刺す作業ですが、深さは2～3cmと浅いです。土壌表面の荒れが小さいため、頻度を上げた作業を行う繊細な芝生の管理に適しています。

スパイキング機械

スパイキングによる穴

ローンスパイク

スパイキング後は芝草の定着が速い

## 3）バーチカルカッティング

バーチカルカッターは、3～10cm間隔に取り付けた刃が高速で回転し、芝生の地際から3cm位の深さで使用されます。バーチカルカッティングにより、サッチの除去や芝草の垂れ葉のカット、芝生面の凹凸（不陸）の修正あるいは茎葉の間引きを行います。バーチカルカッティングは、ほふく茎を有する暖地型芝草には比較的深くかけることができますが、寒地型芝草では地際から1cm程度の深さにとどめ、なるべくサッチの除去だけを目的として使用します。この作業は芝草に与えるダメージが大きいため、芝生の状態や天候に応じて行うことが望ましいでしょう。

バーチカル跡にすじ状に生えた芝草

コアリング

コアリングのタイプ（タテ型／円盤型／ドラム型）

バーチカルカッターによるコアの粉砕

バーチカルモアの効果（グレインの抑制／サッチの除去／土壌耕耘（固結の緩和））

コアリング後の目土施用

スパイキング　スライシング

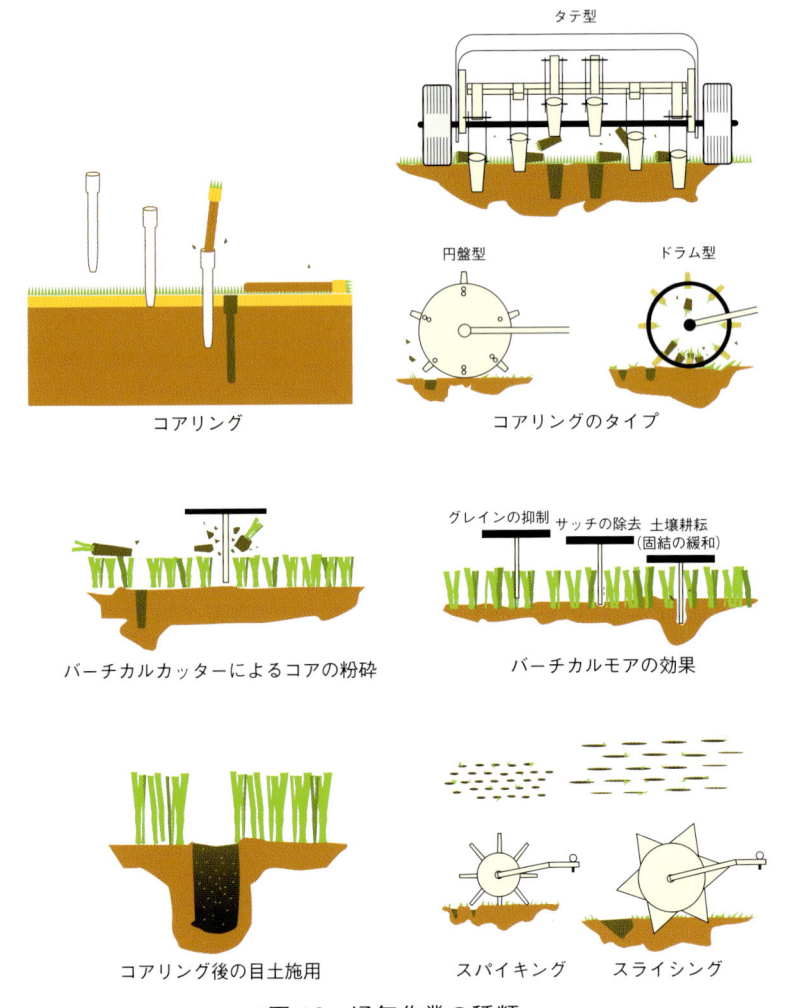

● 図10　通気作業の種類

## 2 オーバーシーディング

　芝生が一年間を通じてグリーンを保つことは、非常に魅力的であり、芝生を利用する側にとっても望むところです。しかし、ノシバやコウライシバ、バミューダグラス類などの暖地型芝草は、冬に地上部が枯れて休眠します。そのため、芝生の景観はもとより、踏圧やすり切れが激しい校庭芝生やスポーツ競技場などでは、品質の低下や致命的な損傷が生じる場合が多くなります。そこで、休眠中の暖地型芝草に代わって、冬期間に寒地型芝草を育てて踏圧やすり切れから暖地型芝草を保護しようとするのが、オーバーシーディングの主な目的です。

### (1) オーバーシーディングの意義

　温量指数100℃以上の地帯では、芝生のベースは暖地型芝草となります。図11に、芝草の生育パターンを示しましたが、暖地型芝草は15℃以下になると休眠に入り、冬期間は地上部が枯れてしまいます。その間、芝草の生育は停止してしまい、冬の雑草が侵入しやすくなります。踏圧やすり切れなどの負荷がかかると芝草の生長点も消滅してしまい、最悪の場合は春の回復が見られないこともあります。

　一方、寒地型芝草は、夏期の間は高温のため生育障害が生じますが、秋には生育が旺盛となり、冬期間でも一定以上の生育が可能です。このため、冬期間における損傷の回復と暖地型芝草の生長点を保護する役割を果たすことができます。このように、一つの草種を使用した場合、大きな障害をもたらす確率が高くなりますので、それぞれの長所を生かし短所を補う意味から、暖地型芝草と寒地型芝草を併用する考えが生まれました。

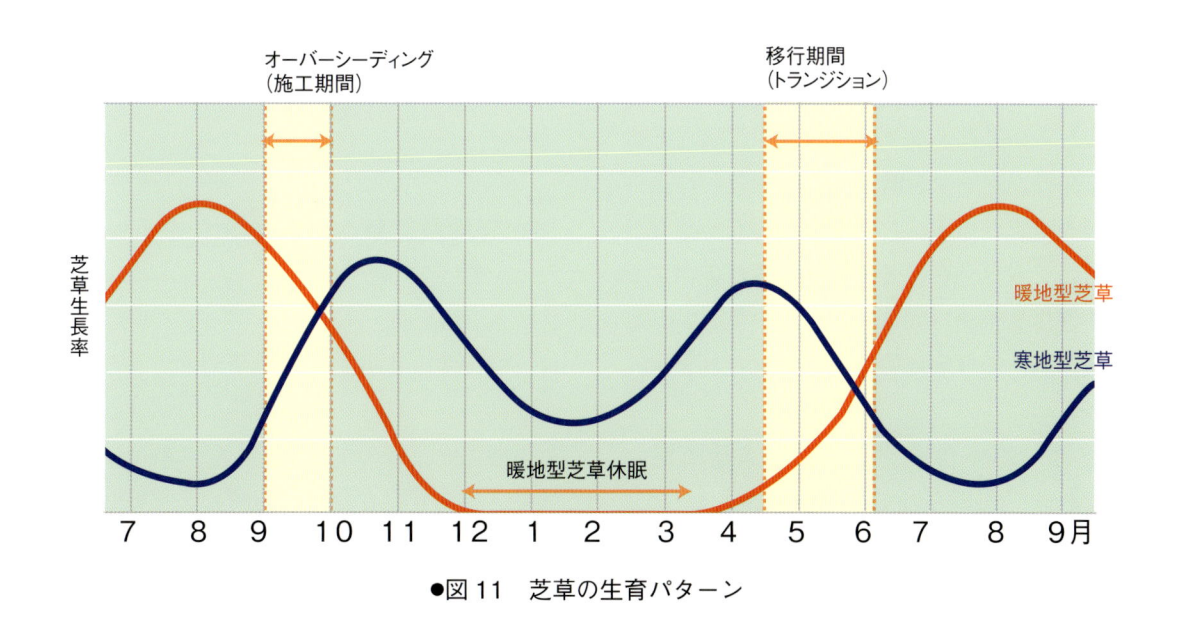

●図11　芝草の生育パターン

### (2) オーバーシーディング用芝草の条件

オーバーシーディングに用いられる芝草は、以前はイタリアンライグラスでしたが、その後の芝草育種の目覚しい進歩により、新しい芝草タイプのペレニアルライグラスなどが次々と開発されてきました。最近では、さらに芝質が良好でトランジションも改良されたインターメディエイトライグラスも登場して、スポーツ競技場はもちろん、校庭芝生、ゴルフコース、一般家庭の芝生に至るまで利用が拡大しています。

オーバーシーディングに利用される寒地型芝草の条件として、下記の点が挙げられます。

1) 発芽・定着に優れ、ターフの形成が速いこと。
2) 冬期も緑色を保持し、退色が生じないこと。
3) 芝草のキメが細かく、低刈りに十分耐えること。
4) 耐病性や耐虫性が強いこと。
5) 激しい踏圧やすり切れに耐え、回復力があること。
6) 春～初夏に暖地型芝草へのトランジションが容易であること。

これらの条件を満たし、気候や土壌などの環境条件、ベースの暖地型芝草の違いにより草種を決定します。とくに、バミューダグラス類にくらべ、春の萌芽後の生育が遅いノシバやコウライシバでは、さらにトランジションのスムースな寒地型芝草が要求されます。

### (3) オーバーシーディング用適性草種

これまで利用されてきたのは、主として、ペレニアルライグラスですが、トランジションが容易であることから、ラフブルーグラスやチューイングフェスクなども利用されています。表26は、オーバーシーディング用草種と混播比率、播種量例を示したものです。現在、流通しているペレニアルライグラスは、トランジションが必ずしも十分とは言えませんので、ノシバやコウライシバでの利用は十分に注意しなければなりません。最近、春のトランジションが飛躍的に向上したインターメディエイトライグラスが発表され、ノシバやコウライシバでの使用も支障が出ないことが確認されています。校庭芝生では、校舎や体育館など日陰が発生する場所に、耐陰性に強いケンタッキーブルーグラス品種が混合使用され、好結果が得られている事例も多くあります。

ウインターオーバーシードされたインターメディエトライグラス

### (4) 暖地型芝草へのウインターオーバーシーディング

ウインターオーバーシーディングの成功には、使用する寒地型芝草の草種もさることながら、ベースになる暖地型芝草の草種の選定も重要です。春のトランジション時には、寒地型芝草を衰退させると同時に、暖地型芝草の萌芽、再生を促す必要があります。萌芽、再生が遅れると、結果として、そこに裸地が生じることになります。

## 1）ベースとなる暖地型芝草の種類

校庭芝生などのベースとなる暖地型芝草には、裸地ができないような強い再生力を備えた草種が望まれます。校庭芝生やスポーツ競技場に使用される主な暖地型芝草を表27に示しました。いずれも地上ほふく茎を有しており、このほふく茎の伸長速度が再生力に関連し、トランジションの成否を左右します。一般に、ノシバやコウライシバに比べ、バミューダグラス、ティフトンの方が地上ほふく茎の伸長は速いです。

● 表26　オーバーシーディング用草種と混播比率、播種量例（g/㎡）

| 草　種 | | 校庭芝生スポーツ競技場 | ゴルフ場 | | | 競馬場 |
|---|---|---|---|---|---|---|
| | | | グリーン | ティー | フェアウェイ | |
| ペレニアルライグラス | 100% | 30〜50 | 150〜170 | 80〜100 | 20〜50 | — |
| インターメディエイトライグラス | 100% | 30〜50 | 150〜170 | 80〜100 | 20〜50 | 30〜70 |
| ペレニアルライグラス<br>ラフブルーグラス | 75%<br>25% | 30〜40 | 100〜150 | 70〜100 | 20〜40 | — |
| チューイングフェスク | 100% | 30〜40 | 150〜200 | 100〜150 | 20〜40 | — |
| チューイングフェスク<br>ラフブルーグラス | 80%<br>20% | 30〜40 | 100〜150 | 70〜100 | 20〜40 | — |
| トールフェスク | 100% | 40〜80 | — | 80〜120 | 40〜80 | 40〜80 |
| ケンタッキーブルーグラス | 100% | 20〜30 | — | 30〜50 | 20〜40 | — |
| イタリアンライグラス | 100% | — | — | — | — | 40〜100 |

● 表27　暖地型芝草と主な特性

| 草　種 | | 主　な　特　性 |
|---|---|---|
| ノシバ | | 栄養繁殖および種子から芝生造成ができます。茎葉は大きく粗剛で、地下茎を有しており性質は強いです。損傷からの回復はやや遅いです。 |
| コウライシバ | | 地下茎を有します。茎葉の大小により、いくつかのタイプに分かれるが、いずれも栄養繁殖のみです。地上ほふく茎の伸長はやや遅く、損傷からの回復も遅いです。 |
| バミューダグラス | | 栄養繁殖も可能だが、種子繁殖が主力となります。最新の品種の中には、濃緑で密度が高く、ティフトンよりもすり切れに強いものもあります。損傷した部分の種子による修復が容易です。 |
| ティフトン | ティフトン328<br>（ティフグリーン） | ティフトン419に比べ、葉は細く、密度の高いターフを形成します。踏圧すり切れなどからの回復は419に劣ります。 |
| | ティフトン419<br>（ティフウェイ） | ティフトン328に比べ、茎葉はやや粗剛で性質も強いです。踏圧やすり切れに対する抵抗性がきわめて強いです。 |
| | ティフドワード | 328の突然変異によってできた矮性品種です。草丈が低く、非常に密なターフを形成するため、ウインターオーバーシーディング時のバーチカルカッティングが必要となります。 |

## 2）暖地型芝草の追播（インターシーディング）

ノシバなどは初期生育が遅いので、追播にはあまり使用されませんが、バミューダグラスは芝生の利用期間中でも追播が可能です。踏圧やすり切れなどによって損傷をうけた場合は、ベースをバーチカルカッティングし、スリットシーダーなどを使用して播種します。バミューダグラスの生育期間であれば、プレーや使用の合間をぬって、いつでも実施できますが、地温が15℃以上になってからがよいでしょう。校庭芝生では、梅雨と夏休みを有効に利用する意味で、6月中旬から7月上旬のインターシーディングがより効果的です。

## （5）寒地型芝草へのオーバーシーディング

温量指数90℃以下の地帯では、寒地型芝草が芝生の主体となります。寒地型芝生へのオーバーシーディングは、過度の使用による踏圧やすり切れ、夏期の高温・乾燥によるダメージ、冬期間の冬枯れなどによって損傷をうけた芝生の回復のために行います。オーバーシーディングは春から秋にかけて行いますが、夏の高温期は避けるようにします。播種法は基本的に、ウインターオーバーシーディングと変わりません。

草種は、ベースの芝草の種類が基準となりますが、発芽定着の早いペレニアルライグラスが主力となる場合が多いです。トールフェスクは耐暑性が強く、環境ストレス耐性に優れているが、葉のキメが粗いので芝質はやや劣ります。ケンタッキーブルーグラスは初期生育が遅いので、定着までに時間を要します。

暖地型芝草のベースを、通年利用可能な寒地型芝生に切り替えるために、繰り返し寒地型芝草を播種する方法もあります。よく行われる例として、ゴルフ場のコウライシバをベントグラスのグリーンに切り替えることなどです。

*バミューダグラスへのインターシーディング*

## （6）ウインターオーバーシーディングの手順

ベースの暖地型芝草の種類によって、オーバーシーディングの方法や使用される寒地型芝草の種類も多少異なってきますが、ここでは一般的なウインターオーバーシーディングによる手順を示すことにします。

### 1）播種前の準備

ウインターオーバーシーディングで重要なのは、確実な発芽・定着を確保することと、晩春から初夏にかけての暖地型芝草へのトランジションを確実に行うことです。バミュー

*ティフトン（左）へのペレニアルライグラス（右）のウインターオーバーシーディング*

ダグラスに比べ、萌芽後の初期生育が遅いノシバやコウライシバでは、夏芝へのスプリング・トランジションが最大の関門となります。トランジションをスムースに行うには、ベースとなる芝生を健全に育てておくことが前提となります。

① サッチの除去

暖地型芝草に対する寒地型芝草のウインターオーバーシーディングは、まず、ベースの暖地型芝生の準備から始めます。5月、6月からコアリングを始め、土壌の通気性、透水性を高め、適切な施肥管理によって根系の発達を促します。ただし、播種前のコアリングは、ウインターオーバーシーディングした種子が穴に集中しやすいことと、ベースの芝生を弱らせる可能性があるため、播種予定日から1～2ヵ月前までに行います。校庭芝生のように使用制限が困難な場合は、5月、6月のコアリングと直前のスパイキングが適しているようです。

播種直前に、深さ10～15mm程度でバーチカルモアをかけ、サッチを除去して低刈りします。刈り高は現状の70～80％の高さを目安にします。サッチや刈りくずはスイーパなどで除去しますが、この作業を怠ると、サッチ層の中でオーバーシーディングされた種子が発芽し、根の発育が妨げられて、丈夫な芝生は造成できません。

② 施肥

ベースがバミューダグラス類の場合、施肥はオーバーシーディングの実施予定日より1ヵ月前には停止しておくべきでしょう。この時期の施肥は、ベースの暖地型芝草の生育を促し、来春のための養分を貯蔵する意味がありますが、**必要以上の施用は暖地型芝草の生育を遅くまで続けさせ、オーバーシーディングされた寒地型芝草の発芽定着、初期生育を抑えてしまう危険性があります**。一方、傷みの激しい部分や生育の遅いノシバやコウライシバの場合は、播種の直前まで施肥を行っておきます。

オーバーシーディングの前の施肥は、播種した種子の発根と生長を促すために、リン酸主体の肥料を10～20g/㎡使用するとよいでしょう。

**2）播種期**

オーバーシーディングの最適播種期は、地表下10cmの地温が20～25℃の時とされています。一般に、バミューダグラス類は低温にあうと急速に休眠するため、寒地型芝草を早くターフ化しておく必要がありますが、ノシバやコウライシバの場合、徐々に休眠するため茎葉が硬く直立し、播種した種子が地際で安定した状態を保つことができます。このため、播種期は少し遅れても差し支えありません。表28に各地におけるウインターオーバーシーディングの適期と、図12に地中10cmの温度と播種後の被覆率の関係を示しました。播種期が早過ぎれば、苗立枯病やいもち病の被害を受けやすく、遅くなれば発芽が遅れて寒害を受けやすくなります。

スパイキング作業

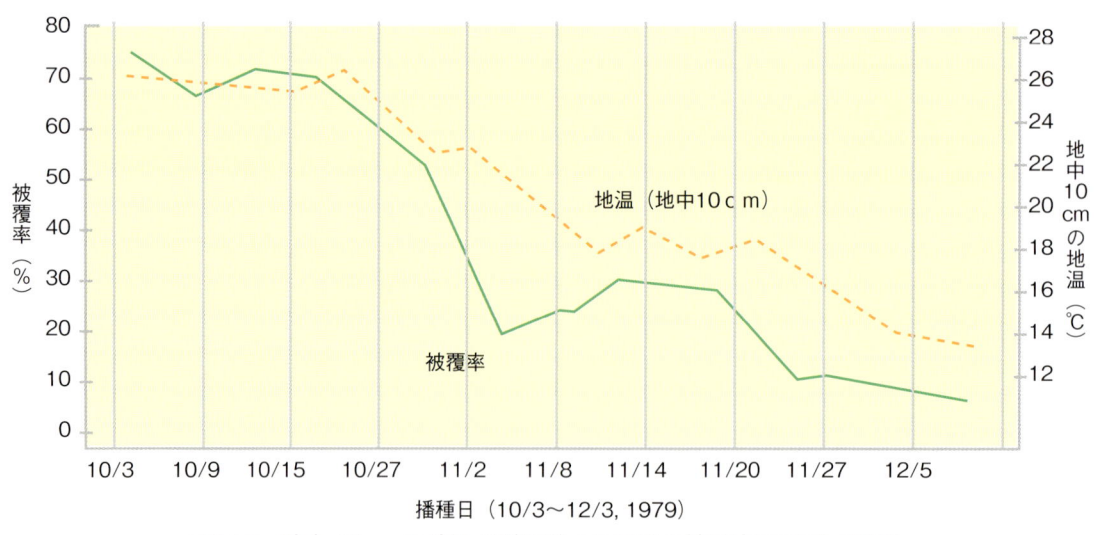

●図12　地中10cmの地温が播種後16日後の被覆率に及ぼす影響

●表28　ウインターオーバーシーディングの適期

| 場　所 | 播　種　適　期 |
|---|---|
| 仙　台 | 8月10日〜9月5日 |
| 東　京 | 9月1日〜20日 |
| 大　阪 | 9月5日〜25日 |
| 福　岡 | 9月5日〜25日 |
| 鹿　児　島 | 9月11日〜10月5日 |

### 3）播種法

　播種はドロップシーダーやサイクロンなどを用いて、縦・横・斜めなど3〜4回程度実施し、可能な限り均一に行います。播種量を表26に示しましたが、校舎や体育館など建物による日陰の部分に、耐陰性の強いケンタッキーブルーグラス品種などを混合播種しておくと効果的です。種子は土壌と密着するように、スチールマットやブラシなどで十分にすり込ませます。直前の潅水や降雨などにより、ベースの芝生がぬれていると種子が落下しにくいので、完全に乾燥するまで播種は行わないようにします。

　目土は必ずしも必要としない場合もありますが、播種後の発芽定着率を高めたり、野鳥の食害を防ぐ効果もあります。散布量は、種子がかくれる程度（2〜3mm）とし、目土の後は再度すり込みを行います。

ウインターオーバーシーディング作業

### 4）潅水

播種直後の潅水は、種子が十分に吸水できるように、10mm前後行います。その後、寒地型芝草が完全に定着するまで潅水は不可欠で、軽い潅水を頻繁に行い、地表面を乾燥させないようにします。1回の潅水量は3～5mm程度でよいでしょう。定着後は、根の伸長に合わせ、潅水の回数を減らしていきます。

### 5）追肥

追肥は、ベースの暖地型芝草との養分競合を避けるため、寒地型芝草の根が適度に伸長する2～3週間を目安に、20g/㎡程度を2～3週間おきに施します。肥料は、チッソ、リン酸、カリウムがそれぞれ10前後のものを使用しますが、リン酸が既に施してある場合は、チッソとカリウムだけでもよいでしょう。

### 6）刈り込み

刈り込みは、寒地型芝草の草丈が70～80mmになったら開始し、最初は45mmの刈り高で行います。以下、60mmになったら35mmに、50mmになったら30mmと徐々に刈り高を下げていき、最終的に25～30mmの高さを保つようにします。ゴルフ場のグリーンなどでは、極限まで低刈りされます。

### 7）暖地型芝草への移行

ベースの暖地型芝草が萌芽し始めるのは、地温が15℃前後になる頃で、この時期までにウインターオーバーシーディングした寒地型芝草の刈り高を順次低めて衰退を促し、暖地型芝草との競合を少なくすることがポイントとなります。一般に、生長点の高い寒地型芝草は、低刈りによるストレスがもっとも衰退効果が高いです。さらに、低刈りによって地温が高まり、暖地型芝草の生育が促進され、トランジションがスムースに行われます。

また、コアリングによって暖地型芝草の生長を促し、土壌水分の地下浸透を高めて乾燥を図ります。暖地型芝草の萌芽後2～3週間頃より、チッソを中心とした施肥を行います。

## 3 補修（補植）

芝生が踏圧やすり切れで損傷したり、病虫害や雑草による被圧およびその他の原因によって著しく衰退、消滅した場合には、その部分を切り取って補修（補植）を行います。補修の時期は、張芝や播き芝、播種と同じように芝草の生育旺盛な時期が望ましいです。暖地型芝草では晩春から初秋までが適しており、寒地型芝草では移行地帯で春～梅雨前および秋が適期であり、寒冷地では春～夏が適期となります。

補修作業

芝生の補修に当たっては、当該場所を深さ15cm程度まで耕起し、基肥を混和して整地します。張芝では周囲の健全な芝草と同じレベルかやや低く行い、播き芝や播種では同じレベルで行います。目土をかけた後に鎮圧し、十分に潅水します。

補修作業

## 基礎編 1

# 芝生の効用

## 1　心と体のやすらぎ

　公共庭園や公園、河川敷やスポーツターフなどの芝生は、観賞面や実用面を通じて、私たちの生活にさまざまな効果をもたらしています。

### (1) 観賞効用

　よく管理されている芝生は、芝質がよく、葉色も鮮やかでキメも細かく、とても美しいものです。芝生は眺めて美しいだけでなく、建築物や樹木、草花、芝生内の点景物などとともに観賞されます。使用される芝生の種類によっても異なりますが、人々は四季を通じて芝生の美しさを観賞しながら、喜びや感動をおぼえます。

### (2) 生活効用

　よく管理されている芝生は、表面のクッションがよく、柔らかい感触を与え、利用するのに快適な状態となります。庭に芝生を備えている家庭や学校などでは、食事や読書、睡眠など室内で行う生活行動を芝生の上でも行うことができます。芝生の上に椅子やテーブルなどを置いただけで、室内よりも快適な生活行動ができます。

家庭の芝生

「朱雀の庭」の芝生（京都市下京区梅小路公園内）

### (3) 保健効用

　通常、芝生は日当たりがよく、排水のよい場所につくられます。芝生の上に立つと、日光は十分に降り注ぎ、新鮮な空気が流れ、美しい緑の広がりと心地よい感触は、芝生を歩き回ってみたい気分になります。芝生での軽い動作は健康保持の基礎ともなります。

芝生の上で幼児との団らん

### (4) 休養効用

　公園の芝生や堤防芝生は休息・休養の場としてよく使われています。観客席に芝生があるスポーツ競技場もありますが、これも一種の休養効果といえるでしょう。

### (5) 運動効用

　広々とした美しい芝生で思いきり動き回ることは、自然の欲求であり、大勢の人々が楽しそうに球技に興じている光景をよく見かけます。手入れのよく行き届いた芝生は、競技スキルの向上に役立ちます。

芝生でサッカー練習

芝生で寝ころぶ

# 2 環境保全

## (1) 大気の浄化

植物は光合成によって二酸化炭素（$CO_2$）を吸収固定し、酸素（$O_2$）と栄養分を作り出します。植物の$CO_2$の吸収量は表28のとおりですが、中でも、芝草の$CO_2$の吸収量は高く、空気質の改善効果はかなり優れています。敷地面積の20%を芝生にした場合、そこから排出される$CO_2$の4%が芝生によって吸収されるとするデータもあります。

## (2) 地表面の保護

芝生は地表面を密に被覆しますので、平面や斜面を雨や風などの流亡や飛散から保護する効用があります。裸地のグラウンドの場合、激しい運動によって地表面が荒れ、土壌が乾燥した時は砂埃が起こり、雨の時はぬかるんでプレーに支障をきたします。芝生があれば、これらのことを防ぐ効果が大きいです。

●表28　植物の炭酸ガス吸収量

（単位：$CO_2$ ton/ha. 年）

| | |
|---|---|
| 芝草 | 36.7～128.5 |
| 寒帯林 | （7.3） |
| 温帯林 | 36.7～146.8（220.2） |
| 熱帯雨林 | 146.8～220.2（367.0） |
| トウモロコシ | 102.8 |
| サトウキビ | 110.1 |
| 菜種 | 13.9 |
| 大豆 | 25.0 |
| 麦 | 31.2 |
| 稲 | 55.1 |
| オオブタクサ | 60.2 |
| ケナフ | 27.2～90.6 |
| パピルス | 72.7～88.1 |
| ガマ | 165.2 |
| ホテイアオイ | 734.0 |

＊環境省　［地球温暖化解説］：炭素循環のメカニズム

## （3）都市の高温化（ヒートアイランド現象）の緩和

芝生と裸地の表面温度を比較した場合、どちらも一日の温度変化の傾向は同じですが、芝生の方が温度の上下変化が少ないといわれています。潅水によって芝生の茎葉から蒸散作用が生じ、周辺の気化熱を奪うことによって温度を低下させることができます。水分を多く含む芝生は水のカーペットと言われ、照り返しやヒートアイランド現象など都市の高温化を改善することができます。

日中、直射が当たるアスファルトやコンクリート面では、夏期には表面温度が60℃を超えることもあります。一部の校庭でも使用されている人工芝の場合はさらに高温になり、その表面温度が73℃に達した事例もありました。これに対して芝生は、夏期に直射が当たっても表面温度が35℃を超えることは稀です。アスファルトやコンクリート、乾燥した裸地などとの温度差は最大で25℃にも及びます。

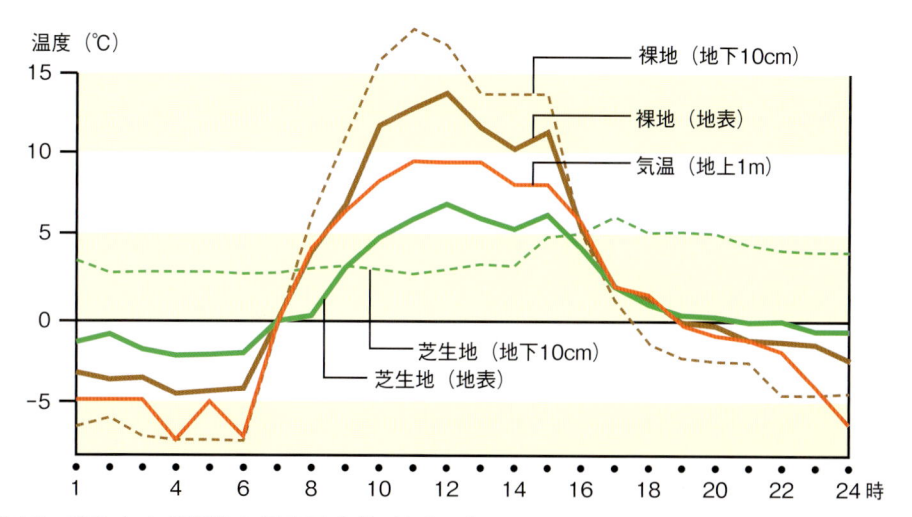

●図13　芝生および裸地の温度日変化（参考：『緑ゆたかな学校づくり』ソフトサイエンス社　1999）

芝生の上で遊ぶ子どもたち

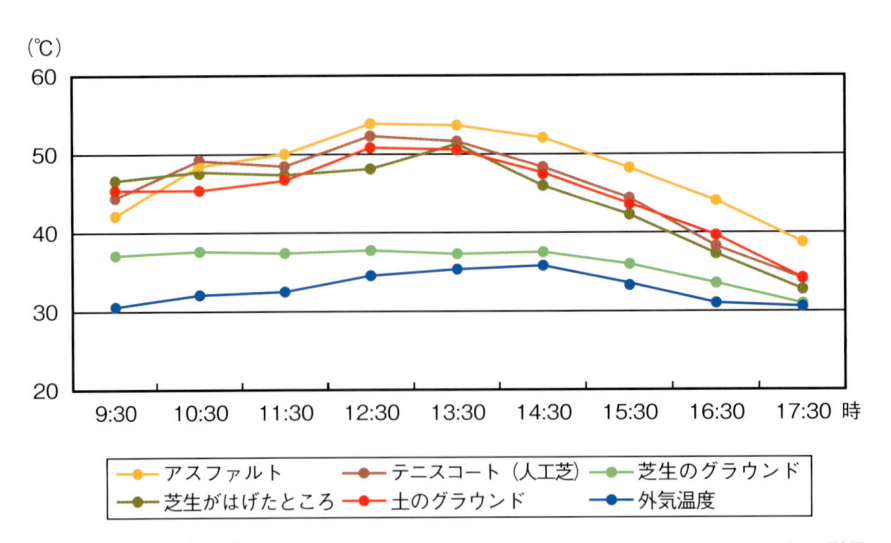

●図14　場所による温度変化〈2000年8月29日〉　NPO芝生スピリット　ホームページより引用
　　　　　　　　　　　　　　　　　　※資料提供：神戸製鋼所　黒坂氏・コベルコ科研　小西氏

## 基礎編2

# 芝生の定義

## 1 芝生とはなにか

広辞苑によれば、芝とは「イネ科の多年草。路傍・原野いたる所に自生。園芸品種が多い。高さ5〜15cm。根茎は地上をはい、節ごとに細い根を生じ、次第にひろがる。葉は細長く、先端は尖る。5月頃小さい花穂をつける。庭園・築山・堤防などに植えて、土の崩壊を防ぎ、かつ美観を添える」とあり、これからはコウライシバやバミューダグラスのような暖地型芝草（夏芝）が想像できます。さらに芝生とは「芝の生えている地。しばはら。しばち」とあり、ある広がりをもっている場所を指しています。

以上のことを参考にして、芝生は主としてイネ科植物が自然にあるいは人為的によって、通常ある程度まとまった広がりで地表面を被覆し、それによって土壌の表層部分がそれらの植物の根やほふく茎で満たされ、観賞・休養・運動・土留などに使用される部分と定義されます。

河川敷公園と堤防保全用芝生

## 2 芝生の適応条件

芝生をつくるのに適した芝草は、利用されやすい共通の特性をもっています。これらの特性は次のとおりです。

① イネ科の植物で草丈が低く、葉のキメが細かく適度に柔らかい。
② ほふく型またはそう生型となり、地表面を密に被覆する。
③ 発芽・定着や萌芽が早く、生長旺盛で再生力が強い。
④ 環境適応性が強く、環境の変化に耐える力が優れている。
⑤ 踏圧や刈り込みに耐え、病虫害に抵抗性を示す。
⑥ 人畜無害で悪臭や乳汁分泌がない。芝生造成が容易で取り扱いやすい。

観賞を目的とする場合は形態的美しさや葉色が優先され、校庭芝生やスポーツなど芝生の利用を目的とする場合は、特性や状態が重要となります。

## 3　芝生の種類

芝生に適応する条件はいくつかあげられますが、目的によった芝生の種類もそれぞれ多種多様です。これら芝生の性格を知っておくことは、芝生利用の面からも必要です。

### (1) 校庭

校庭は児童・生徒が自由に動き回れる屋外の空間であり、そこに栽植される芝生は子どもたちに良好な環境を提供し、多種な利用効果をもたらします。校庭芝生は、過剰な利用による踏圧やすり切れなど、損傷からの回復がなされないまま継続利用されることが多いため、芝地が固結し裸地化しやすくなります。より早く、よりよい芝生をつくるためには、刈り込みや踏圧に対して強い芝草種を選ぶ必要があります。芝生の管理には粗放的な管理と集約的なものがありますが、校庭芝生は外見よりも利用に主眼をおくことを基本とし、管理内容を定める必要があります。

児童・生徒にとって、芝生との接点は絶好の教育材料となります。芝生そのものも厳しい環境に適応する仕組みをもちますが、不適切な利用のため裸地になったり、芝地が固くなったり、建物や樹木の下など日陰部分では、

放課後の校庭

芝生の上で遊ぶ子どもたち

芝生が徒長したり密度が下がったりします。芝生の中に侵入する雑草や共生する動物も増加し、生きた教材にも恵まれることになります。このように、芝生を教育の一環に組み入れることで、その存在が大きくなってきます。

校庭の芝生に使用される芝草は、暖地では日本芝やバミューダグラス類が多く、寒地ではケンタッキーブルーグラス、トールフェスク、ファインフェスク、ペレニアルライグラスなどの寒地型芝草の混合が主流となります。どちらにしても、踏圧やすり切れなどの損傷からの回復が早い強健な草種・品種が求められると共に、管理の容易なものが望まれます。暖地型芝草は冬期間に休眠するため地上部分が枯死します。暖地型芝草の生長点を保護する目的で、ライグラス類をウインターオーバーシーディングする場合が多くあります。

### (2) 公園

公園は、人々の生活に対して環境保全や保健などの目的でつくられた公共施設であり、市民生活に欠くことができないものとなっています。そこでは芝生はきわめて重要な要素となっており、多くの人々に利用されます。

しかし、公園では行事などで芝生内に一度に大勢の人々が集まったり、レクリエーションなどで活発な運動が行われたり、芝生の中に自然に通路ができたりして厳しい踏圧を受けると、損傷から回復できなくなって枯死することがよくあります。

公園芝生は比較的大面積で平面なため、管理が容易です。芝生は踏圧による損傷が多いため抵抗性の強い草種が求められます。暖地ではノシバなどの日本芝が使用され、寒地ではケンタッキーブルーグラスを主体とした芝生構成が多く見られます。

公園での課外活動

### (3) スポーツ競技場

スポーツ競技場の芝生には、陸上競技場・サッカー場・ラグビー場・野球場などがあり、用途は広いです。全てに共通した芝生の特長は、広い平面芝生をもち、管理も比較的容易なことです。芝生は激しい踏圧、すり切れなどによって損傷も大きく、裸地化しやすくなります。芝生は地面を保護し、競技における砂塵防止やすべり止め、けがの予防に役立つと共に観賞価値を求められる場合も少なくありません。

スポーツ競技場芝生は選手が激しく動き回りますので、その踏圧の強さやすり切れは他の場合よりも非常に大きく、使用頻度も多くなります。当然、芝生を傷めるばかりではなく、土壌の状態も急激に悪化させ、芝生の生育を不良にします。このような悪条件下では、性質強健な芝生でも耐えられませんから、痛みの大きな部分はすぐに張替えられるような準備が必要です。

スポーツ競技場の芝生を上手に維持・管理するためには、土壌の固結を防止しなければなりません。芝生の造成時に、基盤となる土壌構造の改良を十分に行う必要があります。使用される芝草は暖地ではバミューダグラス類が多く、寒地では寒地型芝草の混合が主体となっています。ティフトンなど暖地型芝草は、冬期間は休眠するため地上部分は枯死します。暖地型芝草の生長点の保護と冬期間の緑度保持のため、ライグラス類のウインターオーバーシーディングが必要となります。

陸上競技場

### (4) 庭園・家庭

庭園は家と共に人の生活空間を形成する要素であり、その庭園を構成する芝生は非常に重要となってきます。庭園の規模にも大小さまざまなものがあり、また目的によっても芝生の性格、種類もかなりの違いが見られます。庭園芝生の特長は、一般的に小面積であ

り、管理が容易である反面、大型の管理用機械の使用が難しいことです。芝生は踏圧やすり切れを受けることは比較的少なく、芝生の損傷も軽いです。使用される芝生は観賞的価値を要求され、小型の美しい種類が用いられる場合が多いです。

　庭園に使用される芝草は、暖地ではコウライシバやヒメコウライシバなどの小型芝が基本となり、大規模庭園ではノシバなど大型芝が用いられます。寒地では、ケンタッキーブルーグラスを主体とした芝生構成が多く見られます。庭園は建造物との調和が求められると同時に、それらによる日陰の部分が生じますので、そこでの芝生管理には困難が伴います。

家庭の芝生

緑化を義務づけた自治体が増加しており、京都府でも平成19年4月2日に条例が施行されました。

　屋上芝生の構成は前項の庭園の延長とみることができますが、大きな違いは日陰の部分が少ない点です。むしろ、夏期の強い日射、乾燥対策など管理の面からクリアすべき問題点は多いです。屋上で使用される芝草は、基本的には庭園と同じと考えてよいでしょう。すなわち、暖地ではコウライシバやヒメコウライシバ、バミューダグラス類などの小型芝が基本となり、寒地では、ケンタッキーブルーグラスを主体とした芝生構成となります。しかしながら、屋上は建物によって負荷重の制限があり、そのため芝生が生存するための土壌構造や材料、厚さなどに制約があります。また、管理の面から刈り込み回数や刈りくずの処分の問題もあり、センチピードグラスなど、ある程度放任しても伸びる量が少ない芝品種のニーズが高まっています。

屋上庭園

## (5) 屋上

　屋上への芝生導入はかなり以前から行われてきましたが、最近、ヒートアイランド現象緩和の観点から、非常に注目されるようになってきました。地球温暖化対策として屋上

## (6) ペットガーデン

　人に比べ低い位置での生活を余儀なくされるペットにとって、地表温度の上昇やホコリの発生などは相当なストレスとなっていま

す。ペットも家族の一員として共に生活することを考え、庭に芝生をつくり維持するためには、目的とする芝草の種類や基盤となる土壌や管理方法を変えなければなりません。

ペットガーデンはゴルフ場やスポーツ競技場のような良質な芝生は必要としませんが、ペットの種類によっては芝生の刈り高を常に低めに管理しなければなりません。ペットガーデンの芝生を上手に維持管理するためには土壌の透水性を高め、固結を防止しなければなりません。使用される芝は踏圧やすり切れ、ふん尿に強く、それらの損傷からの回復が早い種類を選定する必要があります。ふん尿による急激なpHの変化やアンモニア、塩分の影響により芝生は衰退し、裸地化しやすくなります。これを防止するため、ふん尿排泄後は散水して芝生を健全に維持していかなければなりません。

ペットガーデンに使用される芝生は、暖地ではセンチピードグラス（改良種）、バミューダグラス類、続いてノシバやコウライシバなどが基本となります。寒地では耐塩性のケンタッキーブルーグラス品種をベースにした寒地型芝草の混合が望ましいでしょう。いずれにしても、損傷からの回復が早い草種・品種を選定すべきです。

ペットガーデンにも利用できる庭園

### (7) ゴルフ場

ゴルフ場はその大部分が芝生より構成され、芝生の良否が直接ゴルフ場の評価につながっています。ゴルフ場の芝生は見た目以上に、プレーする立場からの評価が大きな問題となります。ゴルフ場の芝生はティー、フェアウェイ、グリーン、ラフに分けられ、それぞれ使用目的が異なるため芝生の性格も異なってきます。芝生はプレーを行う上にベストの状態を維持するため、管理が十分に行き届いています。

#### 1）ティーグラウンド

ティーは最初に球を打ち出すところで、面積は小さく踏圧も激しいです。また、球を打ち出す際にクラブによって芝を損傷し、地表面が露出することが多くなります。そのため、

---

**ホロ苦体験（失敗・苦労談）**

**屋上芝生の落とし穴…乾燥から芝生を守れ**

大丸京都店の屋上芝生広場の管理を受託しました。その当時は寒地型芝草3種類の芝生で、年中グリーンを目指すものでした。水のやりすぎでしょうか、真夏になってアオミドロが発生したため、水やりをほんの2日ほど控えたため芝生は見事に枯れ上がってしまいました。真夏の屋上は想像以上に温度が上がり、乾燥も厳しいことを思い知らされました。その体験から、京都のビル屋上の芝生には寒地型芝生は無理だと判りました。（活動会員）

ゴルフ場

ティーに使用される芝生は踏圧に強く、損傷からの回復力にも強いものが求められます。暖地ではコウライシバやノシバ、ティフトンが多いです。寒地では、ケンタッキーブルーグラスが一般的であり、ペレニアルライグラスやトールフェスク、ベントグラスも使用されます。

### 2) フェアウェイ

フェアウェイの芝生はプレーヤーによる踏圧と打球やクラブによる損傷を受けますが、他の部分より面積が大きいので全体としての損傷程度は比較的小さいです。しかし、面積が大きいために十分な土壌改良ができないことが多く、芝生の生育が悪くなる場合がよくあります。フェアウェイに使用される芝生は暖地ではコウライシバやノシバが多く、ティフトンも使用される場合があります。寒地では、ケンタッキーブルーグラスを主体とした寒地型芝草の混合使用が一般的です。

### 3) グリーン

グリーンはプレーの目標のカップを囲んでち密につくられた芝生です。ゴルフ場でグリーンの占める面積は約2％に過ぎませんが、プレー上で最も重要な区域です。面積が小さい上に使用頻度が多いので、踏圧の度合も大きく、また、プレーのため芝生は絶えず短く刈り込まれており、芝の消耗度が激しいです。また、芝は生育障害を起こしやすく、病気にも罹りやすくなります。そのため、グリーンの造成にあたっては、床土や表面の仕上げの良否がその後のプレーする状態や芝生の維持、管理に大きく影響します。

グリーンに使用される芝生は、ボールの転がりがよく、スムースな走りをもたらす芝草が求められます。このような条件に応えるのがクリーピングベントグラスであり、寒地から暖地まで広く使用されるようになりました。一方、暖地ではコウライシバや一部ティフトンの使用も見られますが、年々減少する傾向にあります。

### 4) ラフ

ゴルフ場のコースを外れた芝生の部分がラ

フであり、最も粗放な管理がされます。できる限り手を入れないで自然のままに保つのが理想ですが、打球の紛失を防ぐために適度に刈り込む必要があります。ゴルフ場の中で最も芝生の損傷は少ない場所です。

ラフに使用される芝生は、暖地では大部分がノシバであり、寒地ではケンタッキーブルーグラス、トールフェスク、ファインフェスク、ペレニアルライグラスなどの混合使用が一般的です。

### (8) パークゴルフ場・グラウンドゴルフ場

近年、盛んになってきた娯楽的なスポーツであり、ゴルフ場と同様にその大部分が芝生より構成されています。ゴルフコースと異なり、使用する球がどちらの競技も直径6cmとかなり大きいため、芝生の管理や刈り高、芝草の種類などの制約は少ないです。ゴルフ場よりもかなり小面積に加え、競技者が多いため、芝生に対する踏圧やすり切れによる損傷はきわめて大きいです。使用される芝草は、暖地では、ノシバやバミューダグラス、ティフトン、センチピードグラスなどが多く、寒地では、ケンタッキーブルーグラスを主体とした寒地型芝草の混合が一般的です。

パークゴルフ場

### (9) 競馬場

競走馬は時速60kmで駆け、その時に馬の一本の脚には、コースに600〜800kgの衝撃を与えると言われています。緑一面に整備された芝コースでは、レースが始まると馬の衝撃で芝生が飛ばされ、路盤が掘り起こされます。競馬場の芝生はクッション性を高くするため刈り高も6〜15cmで管理されることが多いです。使用される芝草は暖地ではノシバが主流であり、冬期間はイタリアンライグラスなどをウインターオーバーシーディングします。寒地ではトールフェスク、ケンタッキーブルーグラス、ペレニアルライグラスの混合が一般的です。

芝コースは4つの層からなり、表層の芝草は馬の蹄（ひづめ）が直接触れる部分で、クッションの役割を果たします。上層路盤は馬場の心臓部で、壌土または砂壌土の層で固められています。蹄からの衝撃を吸収して支持力を与え、競走馬の推進力につなげる重要な働きをします。また、芝生の生育を促す土壌としての役割をします。下層路盤は単粒の小石が敷かれ、雨水をすみやかに流出させる役割を果します。

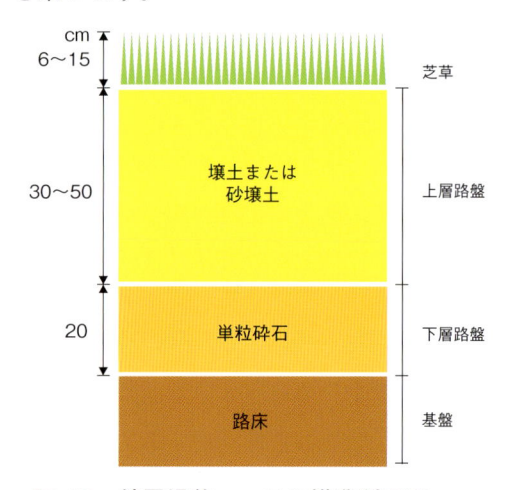

● 図15　競馬場芝コースの構造断面図
＊参考　日本農業新聞　2007年5月26日掲載記事

## 基礎編3

# 芝生の種類と形状

芝草の種類は多く、その大多数はイネ科植物に属しています。日本ではそのほとんどを見ることができますが、それらがすべて日本全地域の芝生に適しているとはいえません。

図5（35ページ）のように、芝草は形態的には新しい芽を形成する生長点が、地際近くの葉鞘の内側基部に保護された冠部にありま す。このため、踏圧に強く、刈り込まれた後でもすぐ新しい葉を生ずることができ、分げつやほふく茎・地下茎により周囲に広がっていく能力をもっています。このような能力を利用して、繰り返し刈り込むことにより、草丈が均一な高さの芝生を形成することができるのです。

## 1　暖地型芝草（夏芝）

暖地型芝草は高温条件および乾燥条件下でも効率的に光合成を行うことができます。このため、耐暑性や耐旱性は優れます。しかし、低温下では光合成能力を停止するため、葉は変色して休眠します。一般に暖地型芝草は茎葉が硬く、ほふく茎を有するため人為的ストレスに強いですが、休眠中には生長が無いため回復能力が全くなくなります。この間に過度の利用があると、踏圧やすり切れにより春までに裸地化するなど重大な損傷につながります。また、一般に強い光に適応しているため、日陰などではその能力が発揮できずに衰退することがあります。

### (1) シバ類 (Zoysiagrass)

日本で芝草として利用されているのは、ノシバ、コウライシバ、コウシュンシバの3種です。いずれも外観的によく似ていますので、形状の大小、花穂や葉の形態等で区別します。大型種がノシバ、小型種がコウライシバで、その中間にコウシュンシバが位置します。しかし、コウシュンシバとコウライシバのはっきりとした区別はなく、日本で流通しているコウライシバの大部分がコウシュンシバという事実があります。

#### 1）ノシバ（*Zoysia japonica* Steud.）

シバ類の中でもっとも北に分布している芝草で、北海道南部や東北、中国、九州などの山地に自生しています。性質はきわめて強健で、耐暑性、耐寒性、耐旱性が強く、環境適応性は大きいです。葉は粗いですが丈夫なほふく茎で広がり、管理も容易で大面積の芝生に適しています。元来、張芝を主体として芝生を造成しますが、近年は発芽促進処理された種子を使用することが多くなりました。

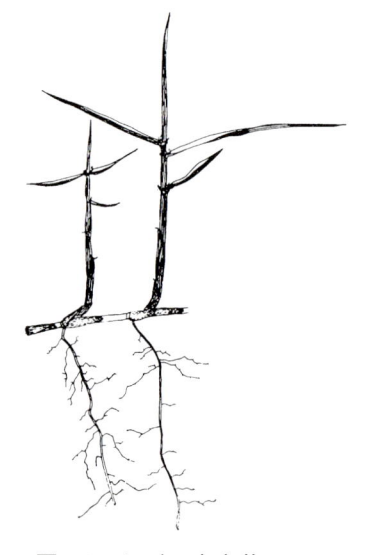

●図16　シバの直立茎

ノシバ　種子（実物大 以下同じ） 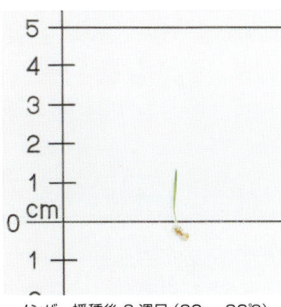　　ノシバ　播種後2週目（20～30℃） 　　ノシバ　ランナー（ほふく茎）

ノシバ　草姿

●図17　ノシバの種子から生じた幼植物

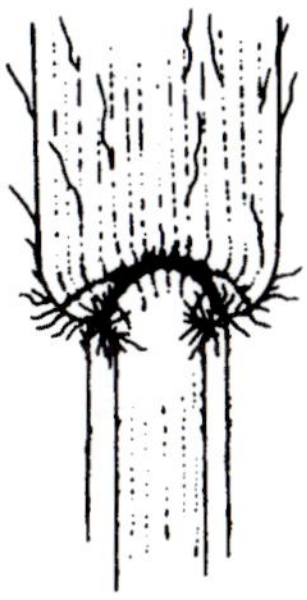

●図18　ノシバの葉身基部の形態（Turgeon, 1985）

## 2）コウライシバ（*Zoysia matrella*）

　ここでは中間タイプのコウシュンシバを含めてコウライシバとしました。コウライシバは日本の風土にあった芝草です。一般に性質は強健で、ほふく茎によって美しい芝生をつくりますが、耐寒性や耐病性はノシバに劣ります。芝生としての利用は広く、公園や庭園に適しますが、マット形成しやすいです。小型のタイプはゴルフ場のグリーンにも使用されます。

コウライシバ　草姿

## (2) バミューダグラス類（Bermudagrass）

バミューダグラス類の原産地は、インド付近またはアフリカといわれています。シバ類によく似た生態で、ほふく茎によって広がります。熱帯から温帯に広く分布し、シバ類より耐寒性は弱いです。日本の温暖地でのスポーツターフとして使用され、暖地型芝草としてもきわめて重要な草種です。

### 1）バミューダグラス
　　　（*Cynodon dactylon* Pers.）

バミューダグラスにはいくつかの変種があり、日本にもその一種、ギョウギシバが自生していますが、芝生としての利用はありません。草丈15〜30cm程度、夏はほふく茎によって広がり、すり切れや損傷後の回復力はきわめて強いです。性質強健で土壌を選ばず、根も深いため、耐暑性、耐旱性もシバ類より強いです。葉質はシバ類よりやや軟らかいです。また、踏圧に強いことから、スポーツ競技場芝生に適しますが、ほふく茎が地上に浮き上がる性質があるので、よい状態を維持するには集約管理が必要です。利用は主として関東以南の温暖地に限られますが、最近の改良種は耐寒性もあり、秋田県や岩手県南部（図3Ⅲの地域）あたりまでも利用できるようになってきています。

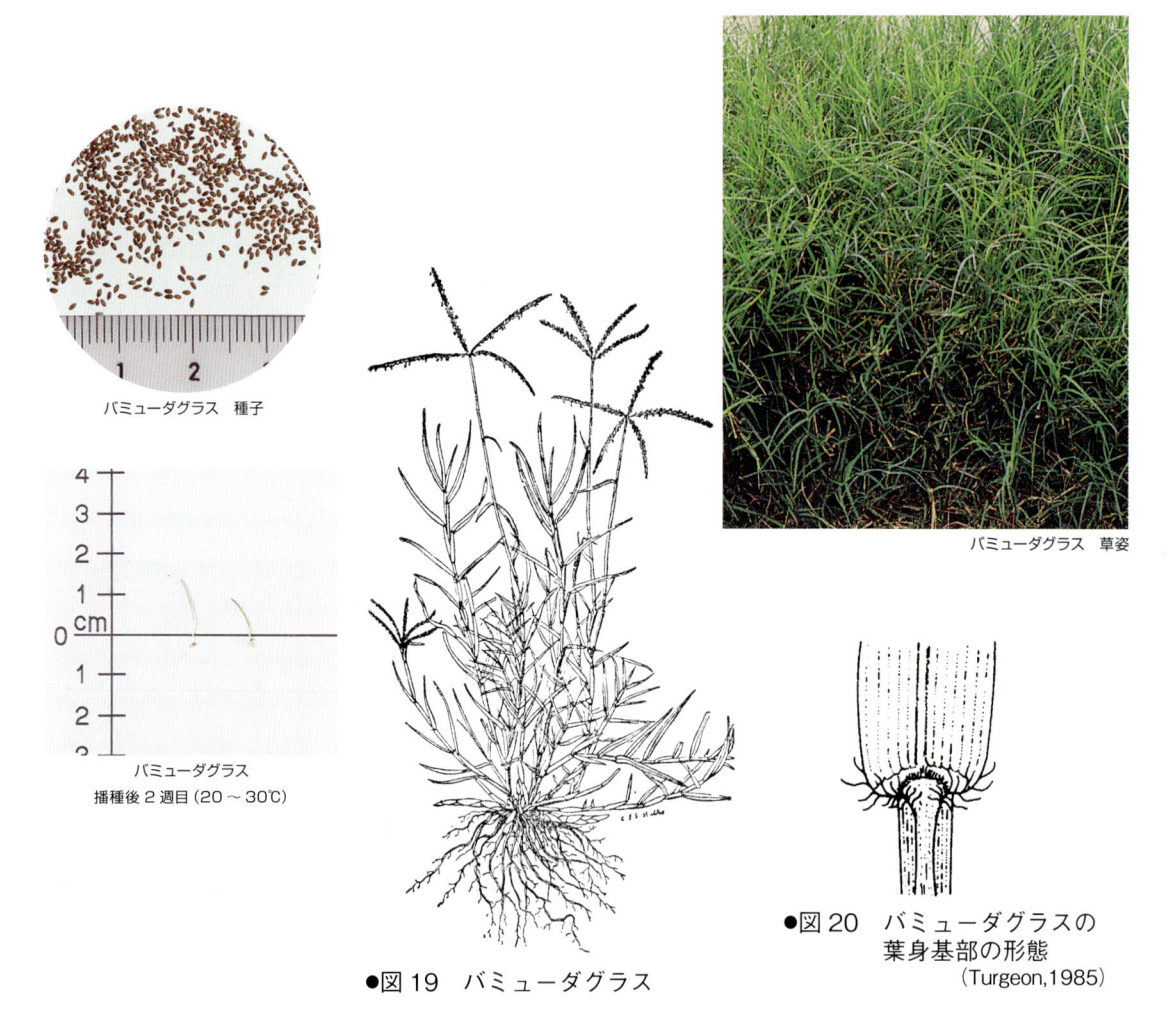

バミューダグラス　種子

バミューダグラス
播種後2週目（20〜30℃）

バミューダグラス　草姿

●図19　バミューダグラス

●図20　バミューダグラスの葉身基部の形態
（Turgeon, 1985）

## 2）ティフトン（Tifton）

　バミューダグラスから改良された3倍体品種のため、種子が不稔です。このため、張芝や播き芝などによる栄養繁殖で芝生を造成します。生育が早く、高密度の芝生をつくりますが、ほふく茎が地上に浮き上がる性質があります。利用は主として関東以南の温暖地に限られます。ティフトン系にはティフトン328（ティフグリーン）、ティフトン419（ティフウェイ）、ティフドワーフなどの品種があります。

ティフトン　草姿

## (3) センチピードグラス（Centipedegrass）
## (*Eremochloa ophiuroides* Hack.)

　東南アジアの原産で、ムカデ状の地上ほふく茎を出して広がります。草丈は10～25cm程度で、非常に密な芝生をつくると共に、アレロパシー効果により雑草の侵入を抑えます。芝質はやや粗いですが、水平方向によく伸長するため芝刈りの回数も少なく管理は楽です。耐暑性、耐旱性が強く、土壌を選ばずやせ地に耐えます。センチピードグラス改良種は、耐寒性、耐塩性にも優れており、青森県以南の広い地域で、多目的公園やパークゴルフ場などの芝生に利用されています。

センチピードグラス　種子

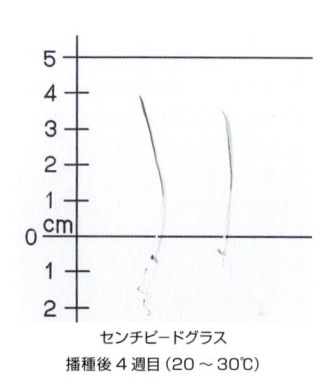

センチピードグラス
播種後4週目（20～30℃）

センチピードグラス　草姿

センチピードグラス　ランナー

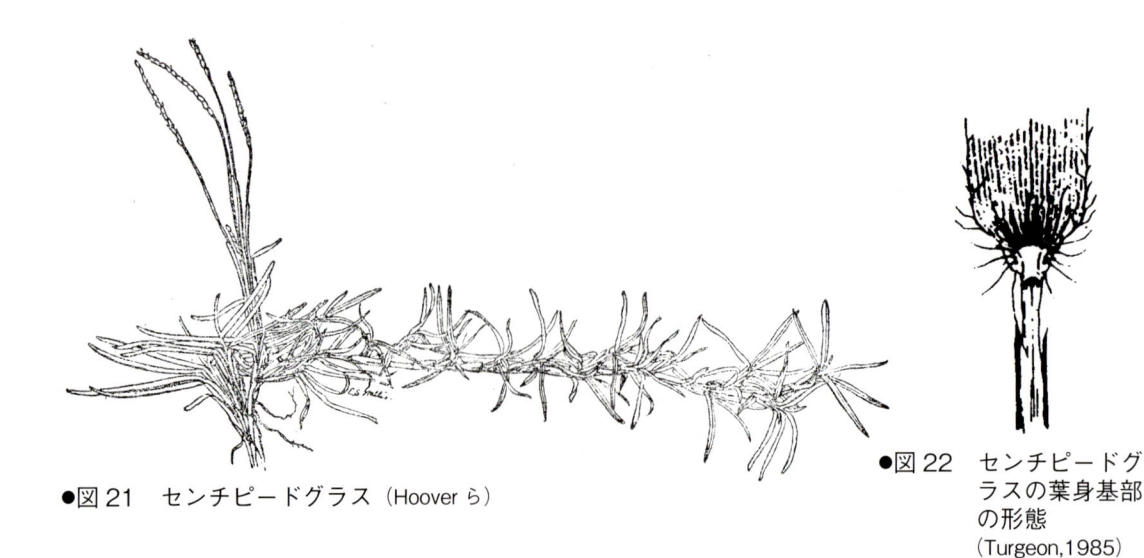

● 図21　センチピードグラス（Hoover ら）

● 図22　センチピードグラスの葉身基部の形態（Turgeon, 1985）

### (4) バヒアグラス（Bahiagrass）
### (*Paspalum notatum* Flügge)

　原産地は南アメリカです。草丈は30〜60cmで、茎葉はやや粗剛ですが、強い地上ほふく茎を出して地表面を密に覆います。根系がよく発達しており、暑さや乾燥に強く、潅水もほとんど必要としません。やせ地でもよく生育し、踏圧に強いことから、利用の激しい低管理芝生地に向きます。

バヒアグラス　種子

バヒアグラス　草姿

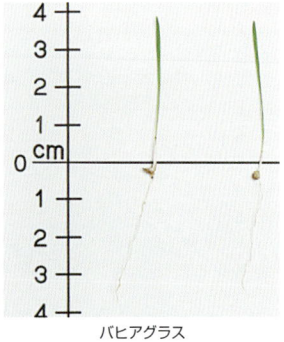

バヒアグラス
播種後4週目（20〜30℃）

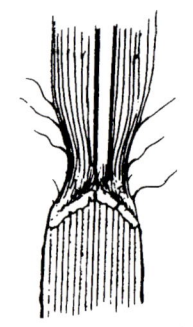

● 図24　バヒアグラスの葉身基部の形態（Turgeon, 1985）

● 図23　バヒアグラス（長田、1976より）

## (5) カーペットグラス（Carpetgrass）
### (*Axonopus affinis* Chase)

　中米原産で、草丈は 20 〜 40cm、葉色はやや淡く地上ほふく茎で広がります。葉幅は広く粗剛で、芝質はよくありませんが、刈り込みにより密な芝生をつくります。浅根性ですが、乾燥ややせ地にもよく耐え、踏圧にも強いです。耐寒性が弱く、沖縄県周辺以外ではあまり利用されていません。

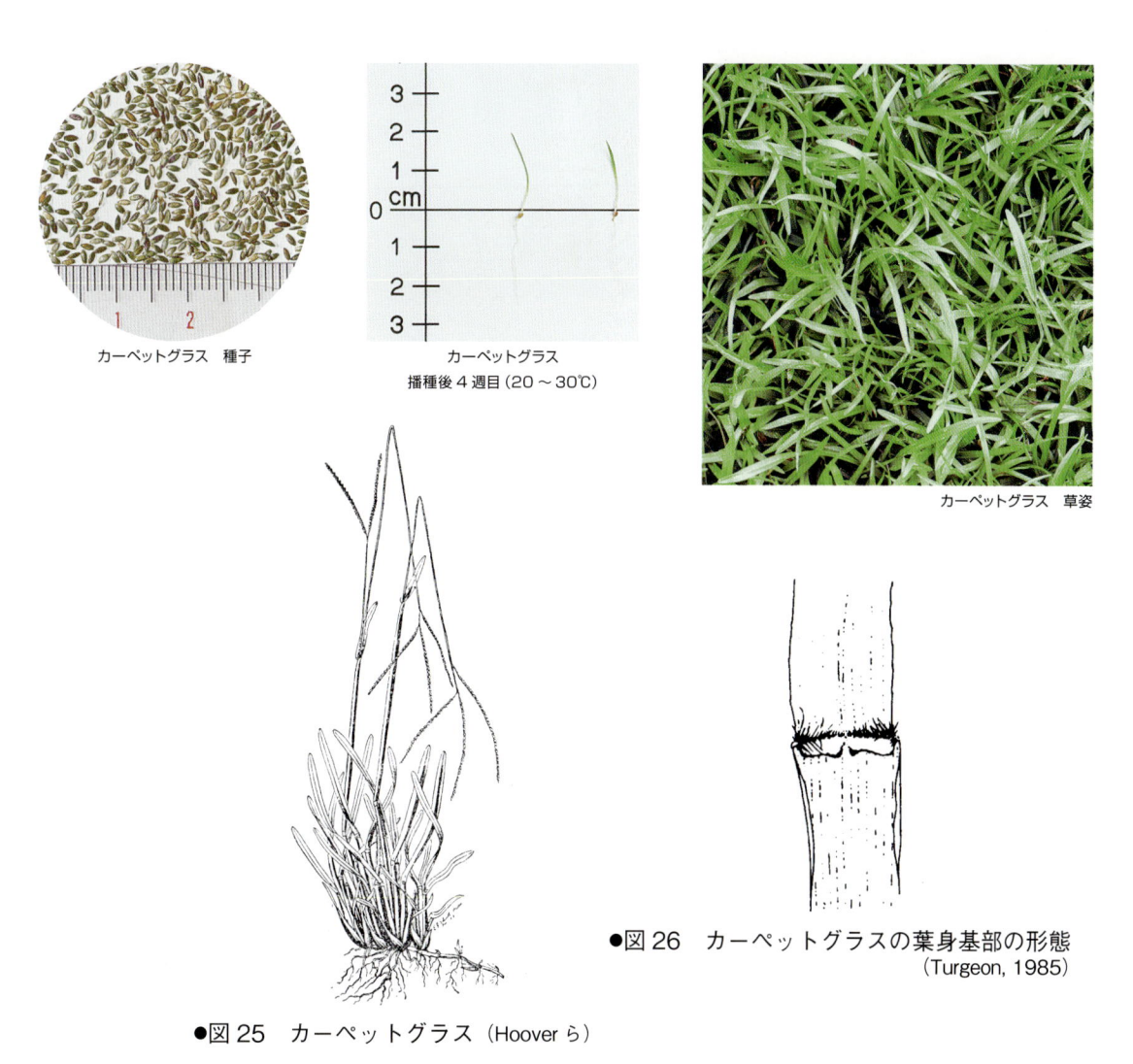

カーペットグラス　種子

カーペットグラス
播種後 4 週目（20 〜 30℃）

カーペットグラス　草姿

●図 26　カーペットグラスの葉身基部の形態
（Turgeon, 1985）

●図 25　カーペットグラス（Hoover ら）

## (6) セントオーガスチングラス
### (St. Augastinegrass)
### (*Stenotaphrum secundatum* Kuntze)

　中米・西インド諸島原産の小型芝草で、暖地では生長が早く、低く密生した芝生になります。耐寒性は劣りますが、日陰にはかなり耐えることができます。暖地の芝生用および地表面保護用として利用されます。増殖は栄養繁殖によってのみ行われます。

セントオーガスチングラス　草姿

●図28　セントオーガスチングラスの葉身基部の形態
（Turgeon, 1985）

●図27　セントオーガスチングラス
（Hoover ら）

## 2　寒地型芝草（冬芝）

　寒地型芝草は生育適温を超える高温や乾燥にあうと光合成能力が下がり、茎葉や根の維持・生長に必要な栄養分が確保できなくなります。このため、茎葉の伸びが抑制され、損傷から回復できなくなり、根の機能も低下して、水や肥料の吸収が弱まります。この状態が長く続くと、茎葉や根の組織が死に始め、芝草は衰退します。一般に寒地型芝草は茎葉が柔らかく、密で美しいターフを形成します。寒地型芝草の生育適温は15～20℃とされ、5℃前後の低温期から生育を開始し、0℃以下でも枯れることはありません。暖地では冬期間でも緑色を保ちます。

### (1) ベントグラス類（Bentgrass）

　寒地型芝草の中ではもっとも美しく、繊細で良質の芝生をつくるクリーピングベントグラスのほか、株状のコロニアルベントグラスが主なものです。レッドトップも同じ仲間ですが、主として植生用に使用されています。

#### 1) クリーピングベントグラス（*Agrostis stolonifera* L.）

　原産地はユーラシアです。クリーピングベントグラスは、冷涼地では強健で、葉は柔らかく、葉色も鮮やかで良質の芝生を形成します。葉の多い長いほふく茎の各節から発芽、発根してきわめて速やかに広がります。この

ため、4mm 程度の低刈りに耐え、美観的にもゴルフ場グリーンのパッティングクオリティの点でも優れた芝生を形成します。種子の発芽・定着はやや遅いですが、傷害からの回復力は良好です。春の萌芽はやや遅く、秋の低温による退色もブルーグラスより早いです。真夏の暑さでも生存できますが、ほふく茎の伸びは大きく減少し根の枯死もおこります。地温の高まる時には適切な潅水と排水、病虫害防除対策が重要となります。

土壌の固結にはきわめて弱く、エアレーションの効果は高いです。土壌 pH5.5 〜 6.5 が最適とされており、肥沃で保水力の高い土壌を好みます。最近のグリーンはサンド（砂）ベッドが普及しており、より集約的な施肥管理や潅水が必要となります。校庭芝生には不向きです。

クリーピングベントグラス種子

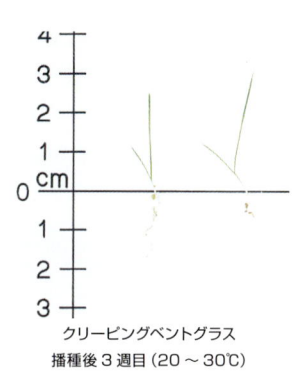

クリーピングベントグラス
播種後 3 週目（20 〜 30℃）

クリーピングベントグラス　草姿

●図 29　クリーピングベントグラス（Hoover ら）

●図 30　クリーピングベントグラスの葉身基部の形態（Turgeon, 1985）

## 2）コロニアルベントグラス
（*Agrostis tenuis* Sibth）

ヨーロッパ原産です。コロニアルベントグラスは茎葉が細く、株元の節間が短いため草丈も低いです。草は直立型で頻繁な刈り込みによって密な芝生をつくります。短いほふく茎を出すこともありますが、通常、広がりは株によるため、傷害からの回復力は弱く、すり切れ抵抗性も低いです。春の萌芽はやや遅く、耐暑性、耐旱性は弱いです。校庭芝生には不向きです。

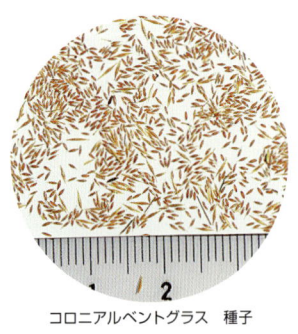

コロニアルベントグラス　種子

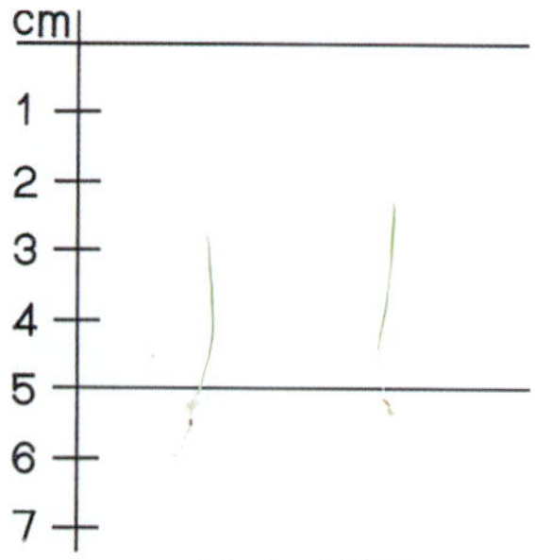

コロニアルベントグラス　播種後3週目（20〜30℃）

コロニアルベントグラス　草姿

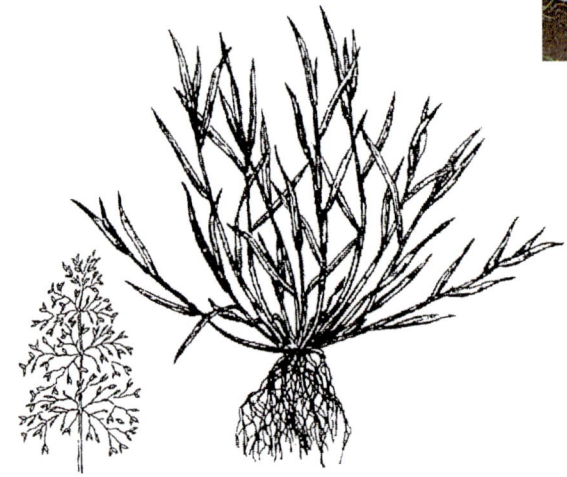

● 図31　コロニアルベントグラス

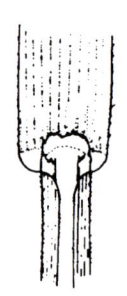

● 図32　コロニアルベントグラスの葉身基部の形態（Turgeon, 1985）

## 3）レッドトップ（*Agrostis alba* L.）

ヨーロッパの原産で、茎葉は粗剛で丈夫な地下茎を出します。草丈は 30～70cm で、冷涼、湿潤を好みます。性質が強健なため、一般芝地のほか地表面保護用として利用されています。

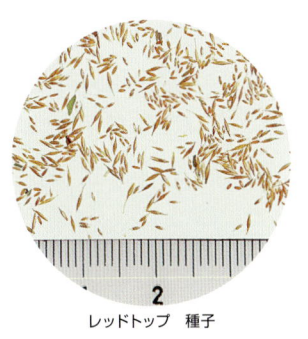

レッドトップ　種子

レッドトップ
播種後3週目（20～30℃）

レッドトップ　草姿

●図33　レッドトップ（ヒッチコック）

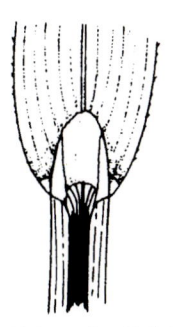

●図34　レッドトップの葉身基部の形態
　　　　（Turgeon, 1985）

## (2) ブルーグラス類（Bluegrass）

　一般に、ブルーグラス類は冷涼気候を好み、耐寒性は寒地型芝草の中でもっとも強い方に属します。地下ほふく茎を出すものが多く、芝生造成の初期の生育はやや緩慢ですが、定着後の生育は速やかで早春の生育開始も早いです。主なものに、ケンタッキーブルーグラス、ラフブルーグラス、カナダブルーグラスなどがありますが、カナダブルーグラスは侵略性が強いので、わが国での使用はほとんどありません。

## 1）ケンタッキーブルーグラス（*Poa pratensis* L.）

　ユーラシア原産です。ブルーグラス類の中ではもっとも重要で、世界の寒冷地で広く利用されています。草丈は15〜30cmで、地下ほふく茎によって密な芝生をつくります。踏圧に強く、すり切れなどの損傷からの回復も早いです。年間を通して緑度保持がよく、早春の萌芽も早いです。永続性に優れ、北海道を中心とした寒冷地の公園やスポーツ競技場、地表面保護用に広く使用されています。

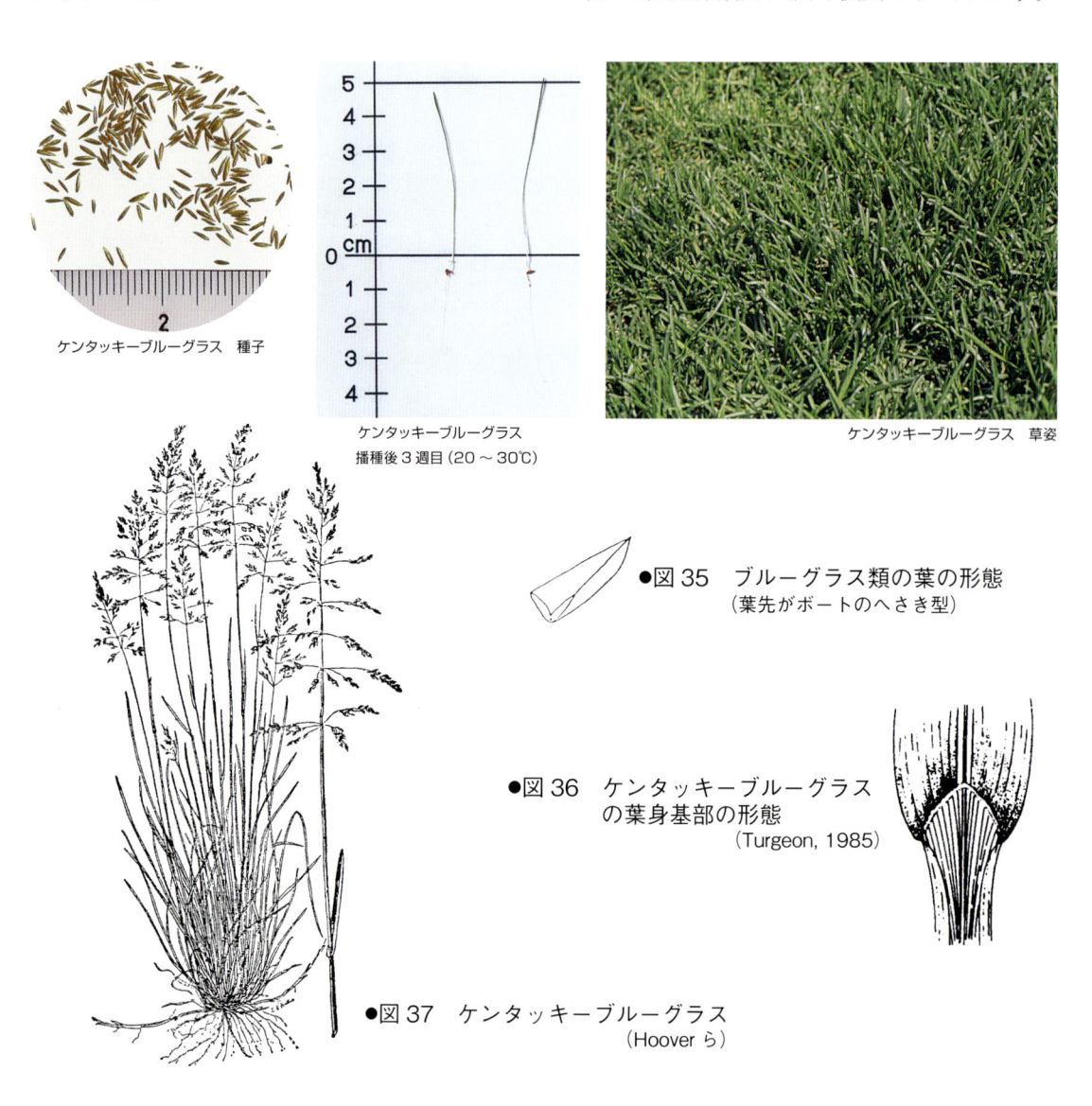

ケンタッキーブルーグラス　種子

ケンタッキーブルーグラス　播種後3週目（20〜30℃）

ケンタッキーブルーグラス　草姿

● 図35　ブルーグラス類の葉の形態
（葉先がボートのへさき型）

● 図36　ケンタッキーブルーグラスの葉身基部の形態
（Turgeon, 1985）

● 図37　ケンタッキーブルーグラス
（Hoover ら）

根系の発達はよいですが、地表より15〜20cmの範囲に集中します。旱ばつや高温が長引けば生育は衰えますが、水分さえ十分にあれば品種による差は大きいものの、耐暑性はかなり強いです。一般に、日陰地での生育は劣りますが、最近の品種の中には、耐陰性に優れるものが育成され、校舎や体育館の日陰が問題となる校庭芝生に利用されるようになってきました。

## 2）ラフブルーグラス（*Poa trivialis* L.）

北ヨーロッパの原産です。ケンタッキーブルーグラスに類似していますが、葉色が淡く、地上ほふく茎を出すところが異なります。根は繊維状できわめて細く、分布も浅く寿命も短いです。低温期の緑度保持力はきわめて高いですが、旱ばつ、高温には弱いです。この特性を利用して、ウインターオーバーシーディングに利用されることがあります。強害雑草のスズメノカタビラは同じPoa属です。

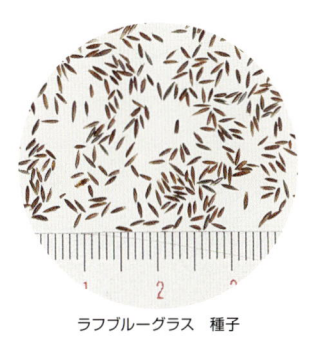

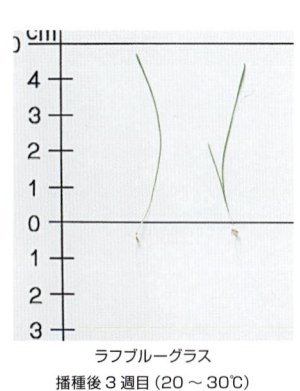

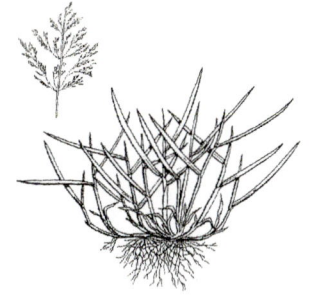

ラフブルーグラス　種子

ラフブルーグラス
播種後3週目（20〜30℃）

ラフブルーグラス　草姿

●図38　ラフブルーグラス

●図39　ラフブルーグラスの葉身基部の形態
（Turgeon, 1985）

## (3) ライグラス類（Ryegrass）

　ライグラス類は株型でほふく茎がなく、暖地に適するが耐寒性もあります。種子の発芽・定着が非常に早く、短期間での芝生造成やオーバーシーディングに利用されます。踏圧に対する抵抗性も強いです。浅根性であまり土壌を選ばず、多湿・多肥を好み、耐陰性も比較的強いです。ライグラス類で芝生に利用されるのは、ペレニアルライグラス、イタリアンライグラスおよび両者の交雑種インターメディエイトライグラスです。

## 1）ペレニアルライグラス（*Lolium perenne* L.）

　アジア、北アフリカの温帯原産です。ライグラス類の中でもっとも重要な草種で、草丈は30〜50cmあり、生長が早い比較的短命な多年草です。ほふく茎を欠くため傷害からの回復は弱いですが、分げつを数多く発生して光沢のある均質の芝生をつくります。耐踏圧性は寒地型芝草のなかではもっとも強く、すり切れ抵抗性も非常に強いです。

　寒冷地では、ケンタッキーブルーグラスや

ペレニアルライグラス　種子

ペレニアルライグラス　草姿

ペレニアルライグラス　播種後3週目（20〜30℃）

● 図40　ペレニアルライグラス

● 図41　ペレニアルライグラスの葉身基部の形態（Turgeon, 1985）

トールフェスクなどと共に混植され、早期定着が求められるスポーツ競技場や校庭芝生などに利用されます。北米やヨーロッパ、オーストラリアなどでは冬期のスポーツ用芝草として重要です。寒地型芝草の中でも耐寒性が弱く、耐暑性や耐旱性も劣るため、乾燥時には潅水が必要となります。一方、盛夏期を除き周年追いまきできることもあり、暖地型芝草へのウインターオーバーシーディングに利用されています。

エンドファイト（内生菌、詳細後述）の活用がもっとも積極的に進められている草種であり、耐虫性や耐病性が飛躍的に向上した品種が育成されています。

## 2）イタリアンライグラス
（*Lolium multiflorum* Lam.）

地中海地方の原産で、1年生ライグラスとも呼ばれています。条件に恵まれれば越年生、短年生となります。草丈は60cm以上となり、葉は淡色で柔らかく、芝生の質はペレニアルライグラスに劣ります。根の分布は浅く、根量も少ないです。このため、寒暑などの環境ストレスに対する耐性も弱いです。暖地でウインターオーバーシーディングされた場合、春の移行は非常にスムースです。

イタリアンライグラス　種子

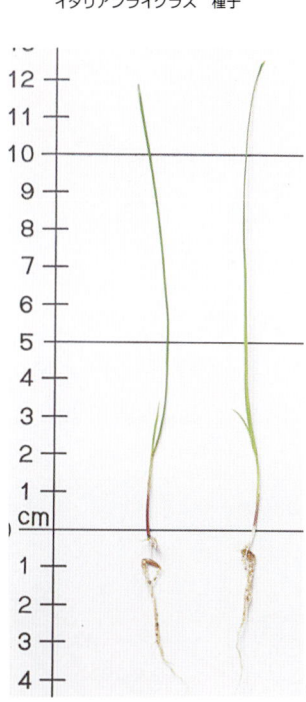

イタリアンライグラス
播種後3週目（20〜30℃）

●図42　イタリアンライグラス

イタリアンライグラス　草姿

●図43　イタリアンライグラスの葉身基部
（Turgeon, 1985）

### 3）インターメディエイトライグラス
　　（*Lolium hybridum*）

　ペレニアルライグラスとイタリアンライグラスを交雑して得られたもので、両者の短所をカバーする目的で育成されました。すなわち、ペレニアルライグラスからは優れた芝質と環境ストレス耐性を、イタリアンライグラスからは春の移行のスムースさを併せもつ品種の育成が試みられ、2007年にようやく目的に適った品種がわが国で発表されました。これにより、バミューダグラスやティフトンのほか、コウライシバ、ノシバなどへのウインターオーバーシーディングが可能となりました。

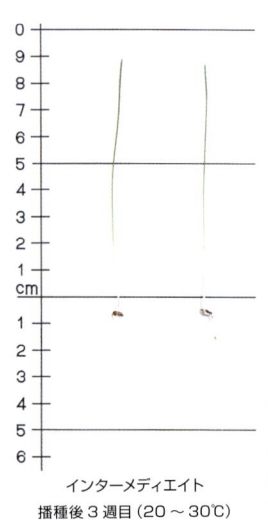

インターメディエイト
播種後3週目（20〜30℃）

インターメディエイトライグラス　種子

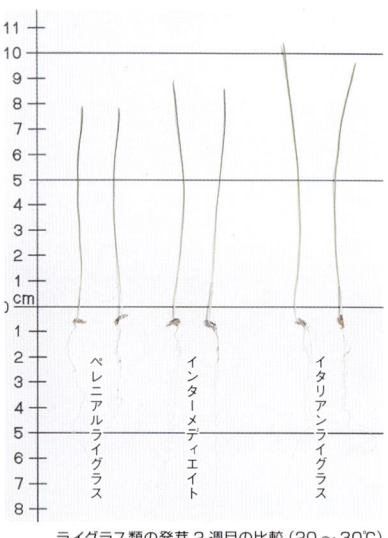

インターメディエイトライグラス　草姿

ライグラス類の発芽2週目の比較（20〜30℃）

## （4）フェスク類（Fescues）

　フェスク類は、おおむね冷涼気候を好み、ほふく茎を出すものと株型のものがあります。寒地型芝草としてはかなり高温に強く、耐旱性も強いです。フェスク類は次の2つのタイプに大別されます。

　①草丈が高く、葉幅が広い、いわゆる広葉のフェスク "broad-leaved fescues" と称され、トールフェスクが代表されます。
　②草丈は前者より低く、葉は内側に巻くためかなり細いです。これらは一般に細葉のフェスク "fine-leaved fescues" と称され、レッドフェスク、チューイングフェスク、ハードフェスクなどがこれに属します。

## 1）トールフェスク
### （*Festuca arundinacea* Schreb）

　ヨーロッパの原産です。葉は粗剛で、葉幅も寒地型芝草の中でもっとも広いです。多年生で草丈は30～50cm、草型は株状をなします。まれに短いほふく茎を冠部より発生するものもありますが、傷害からの回復力は弱いです。根は強く粗剛で、寒地型芝草の中ではもっとも根系の発達がよいです。水分要求量は多いですが、深い根系によって他草種の利用できない深層の水分まで吸収利用できます。耐暑性は強く、短期間、暑さのストレスを受けても、葉の伸長量は低下しますが葉色は保持し続けます。

　すり切れ抵抗性は寒地型芝草の中で一番強く、耐踏圧性は中位です。土壌はあまり選ばず、やせ地にもよく耐えます。一般に、生長点の位置が高く、刈り高は40～50mmが芝質や美観上よいとされてきました。近年、葉幅が狭く、葉色の濃い矮性品種が育成され、20mm以下の低刈りにも耐えられるようになりました。エンドファイトの活用が進み、耐虫性や耐病性が飛躍的に向上した品種の育成が行われています。

トールフェスク　種子

トールフェスク　播種後2週目（20～30℃）

トールフェスク　草姿

●図44　トールフェスク

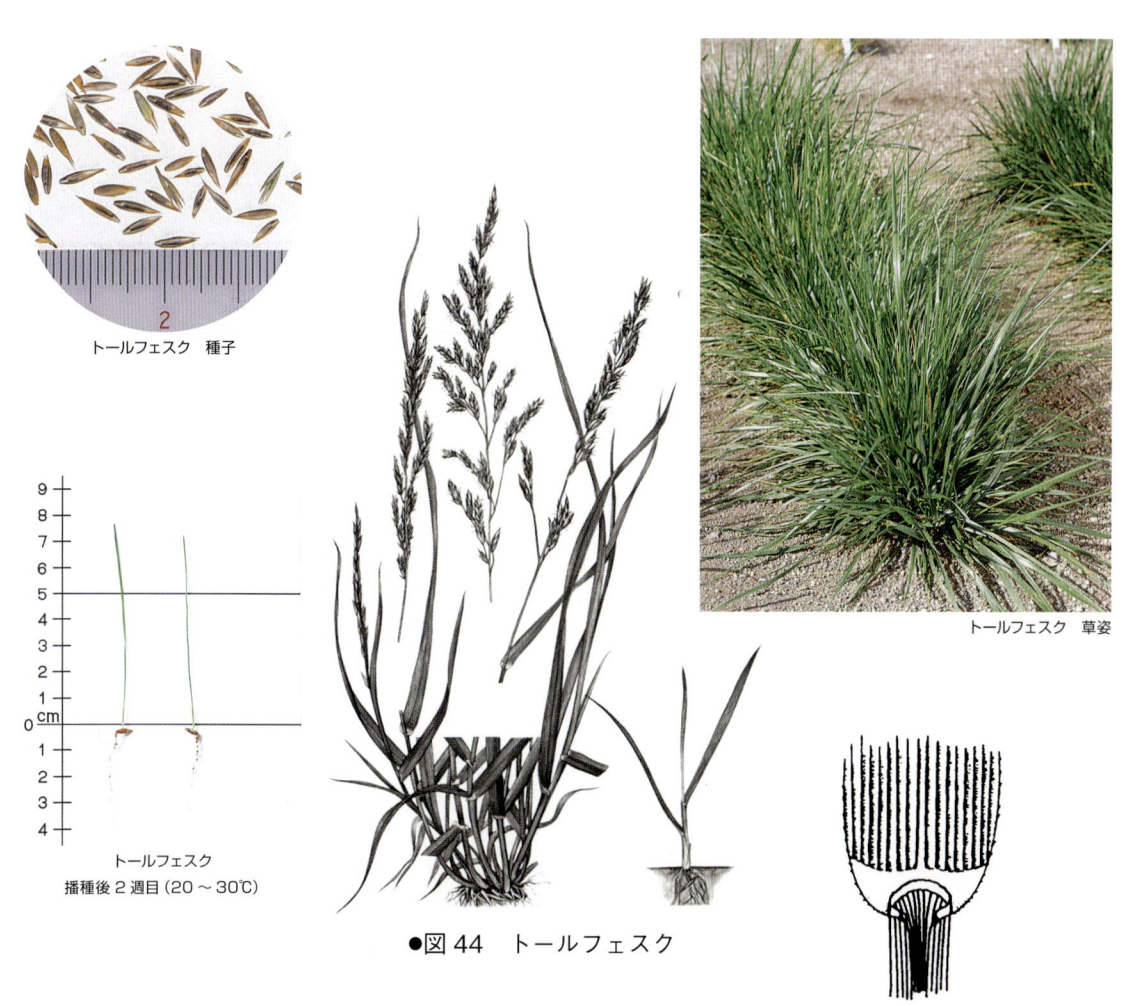

●図45　トールフェスクの葉身基部の形態
（Turgeon, 1985）

## 2）レッドフェスク（*Festuca rubra* L.）

　クリーピングレッドフェスクと呼ばれるように、分げつの発生は外向性で、ほふく性となることでチューイングフェスクやハードフェスクと区別できます。ヨーロッパ原産で、地下茎の発生はケンタッキーブルーグラスより少ないです。草丈は 40～60cm で、葉は丈夫で細長く枝垂れます。芝生用としては、芝質の改善のためにブルーグラスなどと混植して用いられます。やせ地や乾燥地、日陰などの劣悪環境によく耐えて生育します。

　最適刈り高は 40～50mm ですが、20mm 程度の低刈りにも耐えます。すり切れ抵抗性に強く、発芽・定着も速いのでスポーツ競技場などでの利用も増えています。エンドファイトの導入により、耐暑性、耐病性に強い品種が育成されています。

レッドフェスク　種子

レッドフェスク
播種後 2 週目（20～30℃）

● 図 46　レッドフェスク

レッドフェスク　草姿

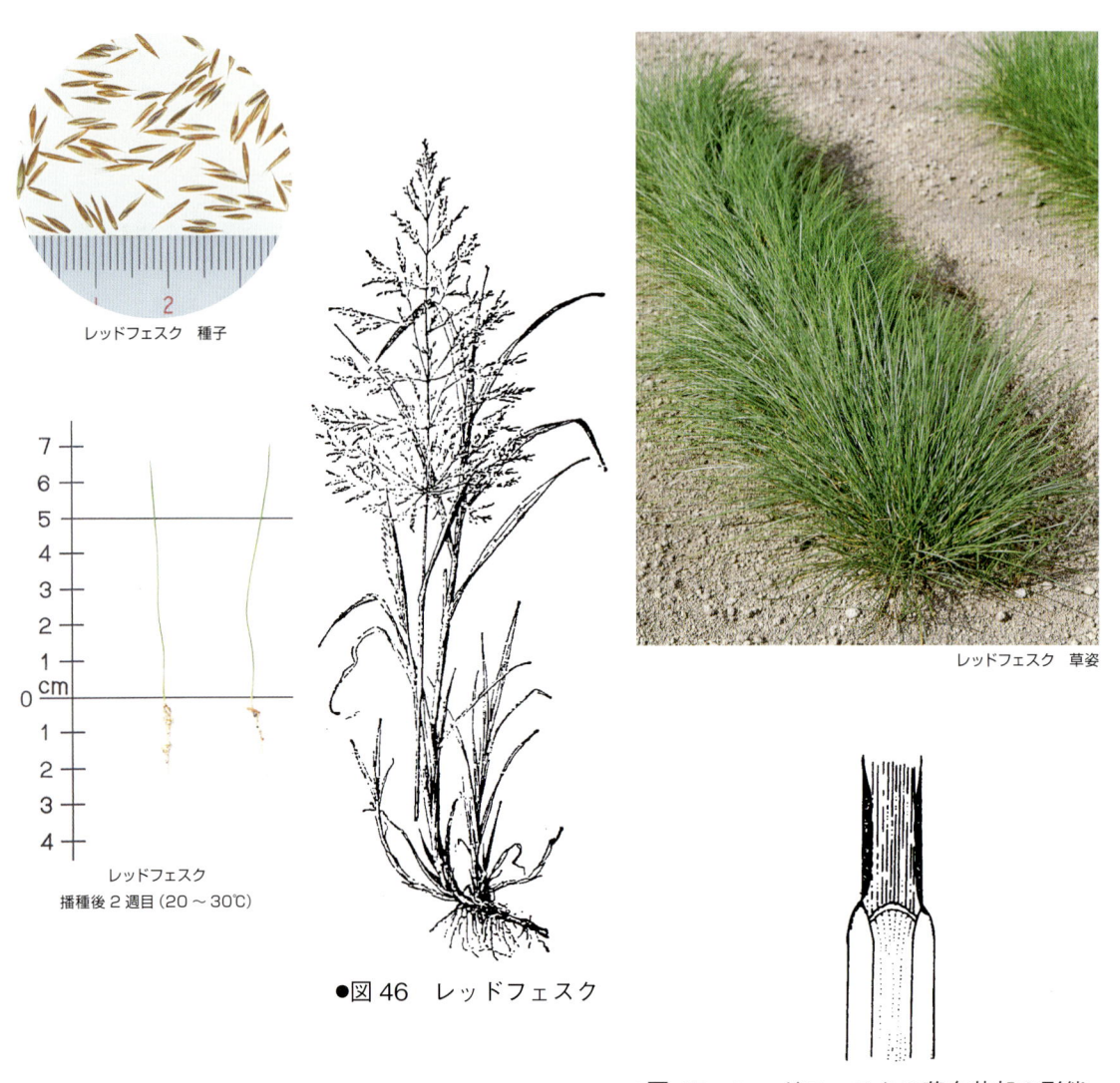

● 図 47　レッドフェスクの葉身基部の形態
（Turgeon, 1985）

### 3）チューイングフェスク
（*Festuca rubra* L. var. *commutata* Gaud.）

　レッドフェスクの変種で、ほふく茎を出しません。多くの分げつを生じ、きわめて密な芝生をつくります。草丈は30〜50cmで、すり切れ抵抗性に強く、低刈りにも耐えます。耐陰性が強いため、他草種との混植に利用されます。レッドフェスクよりも耐暑性が劣るため、暖地型芝草へのウインターオーバーシーディングに利用されることがあります。エンドファイトの導入により、耐暑性、耐病性に強い品種が育成されています。

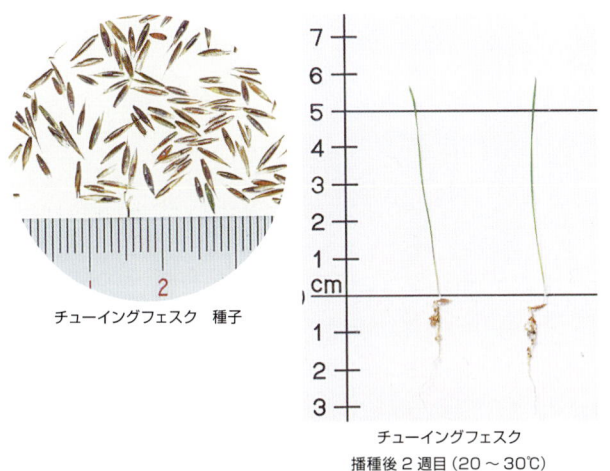

チューイングフェスク　種子

チューイングフェスク
播種後2週目（20〜30℃）

チューイングフェスク　草姿

### 4）ハードフェスク
　（*Festuca ovina* L. var. *duriuscula* Crisebach, *F. duriuscula* Lam., *F. longifolia* Thuill）

　ヨーロッパの原産で、草の生長はやや遅いです。葉は粗剛で、葉色も濃く、やせ地や乾燥地などの不良環境に対する耐性はレッドフェスクよりも強いです。耐陰性も寒地型芝草の中でもっとも強く、樹木の下や建物周辺の芝生に利用されます。すり切れ抵抗性や耐踏圧性もあるため、他草種と混植されます。エンドファイトの導入により、耐暑性、耐病性、耐虫性に強い品種が育成されています。ハードフェスクと同じ仲間にシープフェスク（*Festuca ovina* L.）がありますが、芝生用としてはあまり使用されていません。

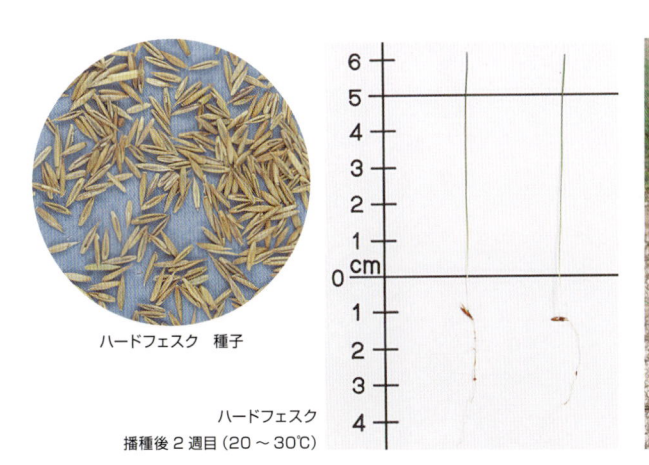

ハードフェスク　種子

ハードフェスク
播種後2週目（20〜30℃）

ハードフェスク　草姿

①〜③トールフェスク芝草タイプ
④トールフェスク牧草タイプ
⑤レッドフェスク
⑥チューイングフェスク
⑦ハードフェスク

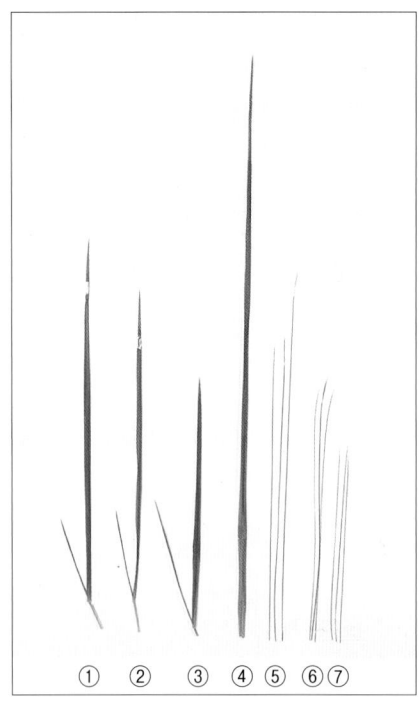

●図48　フェスク類の葉の比較

基礎編4

# 芝草の雑草と防除

## 1　主要雑草と発生消長

　わが国は、夏の気候が高温多湿なため、山野の植物や田畑の作物はよく育ちます。それは雑草の生長や繁殖にもきわめてよく適した環境にもなっています。校庭の芝生でも、ちょっと手入れを怠ると、たちまち雑草がはびこってしまいます。しかし、校庭の芝生は、スポーツ競技場のターフとは利用目的が異なりますので雑草も緑と考えれば、それほど神経質になる必要はありません。また、雑草というとすぐ除草剤を思い浮かべますが、校庭芝生では原則として除草剤は使用しない方がよいでしょう。

　図49および表29に、芝生地で見られる主要雑草とその発生消長を示しました。この中で、大型化するような雑草（チガヤ、スズメノヒエなど）や密集して繁殖する雑草（シロクローバ、ハマスゲ、ヒメクグなど）については、できるだけ小発生あるいは個体が小さいうちに除去するのが効果的です。芝草と同じイネ科の雑草（スズメノカタビラ、メヒシバ類、オヒシバ、ギョウギシバなど）は、とくに芝生に侵入しやすく、ある程度大きくなるまで芝草と判別困難であるため、大繁殖しないように注意が必要です。生長点の位置が低い雑草（オオバコ、タンポポ、チチコグサなど）は、踏圧や刈り込みに耐えるので防除しにくいです。

　帰化植物の中で、最近とくに目立つのがメリケンカルガヤです。少し古くなったり手入れが十分にされていない芝生の中で急激に繁殖して、専有してしまった光景をよく見かけるようになりました。メリケンカルガヤは、晩秋から全体が赤褐色に染まり、そのままの形で冬期間も残りますので、芝生の中にあると非常に見苦しくなります。この雑草が定着すると防除が困難になりますので、初期の段階で抜き取るようにしてください。

メリケンカルガヤに専有された芝生

メリケンカルガヤの穂

## 2　雑草防除

　一般に芝草は、チッソ反応がきわめて高く、チッソ肥料を与えると直ちに伸びて、他の雑草に日陰を与えて圧倒します。そこへ、芝生の刈り込みが行われますと、芝草はその特性として再生がきわめて良好なので、再び雑草を圧倒します。これをくり返しているうちに、

雑草は徐々に少なくなります。ただし、短く刈り込まれては穂を出し、種子を芝生に落とすスズメノカタビラには、この手法は通用しません。もっとも原始的な方法は、手取り除草です。児童・生徒たちと一緒に草引きすることも、学校の芝生ならではの楽しさの一つと考えられます。

校庭芝生の雑草引き

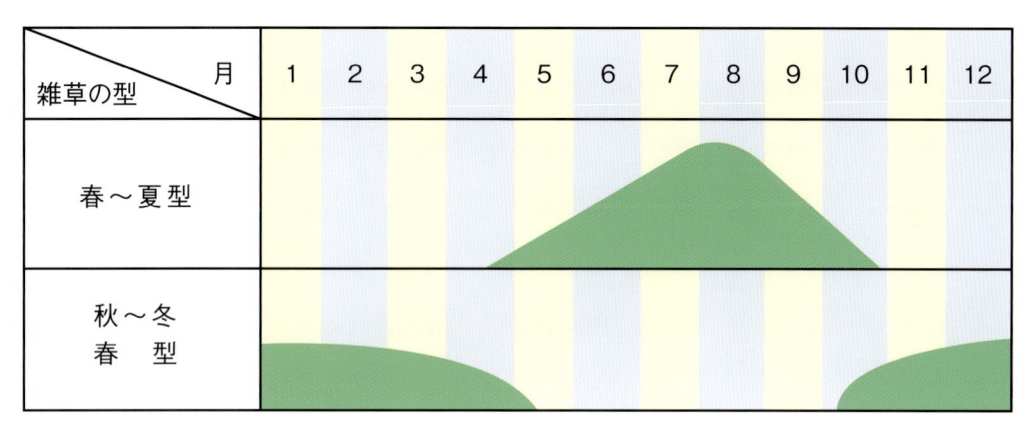

● 図49　芝生地の雑草の発生消長

● 表29　芝生地の主要雑草

| 時期 | 科　名 | 雑　草　名 |
|---|---|---|
| 春～夏期 | イネ科 | メヒシバ、アキメヒシバ、オヒシバ、エノコログサ、ニワホコリ、チガヤ、スズメノヒエ、チカラシバ、ギョウギシバ |
| | カヤツリグサ科 | カヤツリグサ、ヒメクグ、ハマスゲ |
| | マメ科 | クローバ類、ヤハズソウ、ミヤコグサ |
| | キク科 | ハキダメソウ、トキンソウ、ヨモギ、ハルジオン |
| | その他 | スギナ、ヒメスイバ、ギシギシ、スベリヒユ、ツメクサ、ハコベ、カタバミ、コニシキソウ、チドメグサ、オオバコ、ツユクサなど |
| 冬～春期 | イネ科 | スズメノカタビラ、スズメノテッポウ、カモジグサ |
| | マメ科 | スズメノエンドウ、カラスノエンドウ、シロクローバ |
| | キク科 | オニタビラコ、ヒメジョオン、オオアレチノギク、ヒメムカシヨモギ、ホオコグサ、チチコグサ |
| | その他 | ヒメスイバ、ミミナグサ、ツメクサ、ハコベ、ナズナ、ホトケノザ、オオイヌノフグリ、オオバコなど |

春期～夏期

メヒシバ　　　　　　　　　アキメヒシバ　　　　　　　オヒシバ

カヤツリグサ　　　　　　　ヒメクグ　　　　　　　　　ヤハズソウ

カタバミ　　　　　　　　　チドメグサ　　　　　　　　オオバコ

冬期～春期

シロクローバ　　　　　　　オオアレチノギク　　　　　ホオコグサ

基礎編 5

# 芝生を病虫害から守る

# 1 病気にかからないために

校庭の芝生の病害は、床土の構造や状態に起因するものが多いです。以前に造成された土主体の基盤では、床土の透水性や通気性も悪く、土壌の固結もひどい場合が多くありました。砂主体の構造は、透水性や通気性が良好であり、固結もひどくならないので、病気の発生は比較的少ないですし、発生しても症状は軽いです。現在確認されている芝草病害の病原菌は、大部分が糸状菌（カビ）であり、病原菌の繁殖は芝生表層のサッチの集積具合や土壌の環境条件に影響されやすいです。芝生の状態が著しく悪化するような病害が発生するようであれば、薬剤散布のみならず、更新作業や土壌改良も検討すべきです。校庭芝生の主な病害とその発生消長を図50に示しました。

雪腐病

## (1) 雪腐病
### ● 病状
本州の降雪地帯では雪腐褐色小粒菌核病、雪腐黒色小粒菌核病、紅色雪腐病が発生し、北海道ではこのほか雪腐大粒菌核病の被害が大きく、低湿地では褐色雪腐病も発生します。雪どけ後の芝生は葉が白色化し、大小さまざまな枯死部を生じます。小粒菌核病は褐色あるいは黒色のケシ粒大の菌核を作ります。紅色雪腐病は円形状の枯死部が淡桃色〜紅色となります。大粒菌核病の菌核は黒色ねずみ糞状でやや大きいです。

### ● 対策
越冬前の肥培管理により、芝草の抵抗力を高めておきます。とくにチッソ不足は被害を大きくします。サッチ除去、コアリングも有効です。根雪期間が長びくと被害が加速されるため、融雪資材の散布も効果的です。薬害防除は最も有効ですが、根雪前の処理が原則となります。

## (2) リゾクトニア春はげ症
### ● 病状
春の萌芽が不揃いとなり、直径20〜60cmの不規則な円形病斑を生じます。芝生は枯死し、根や地下茎が黒色を呈します。3〜4年目の低刈りした芝生に多発する傾向があります。

### ● 対策
チッソ肥料の施用を控え目とし、刈り高を上げるようにします。コアリングをして土壌中に酸素を供給するとともに、サッチの除去を行います。

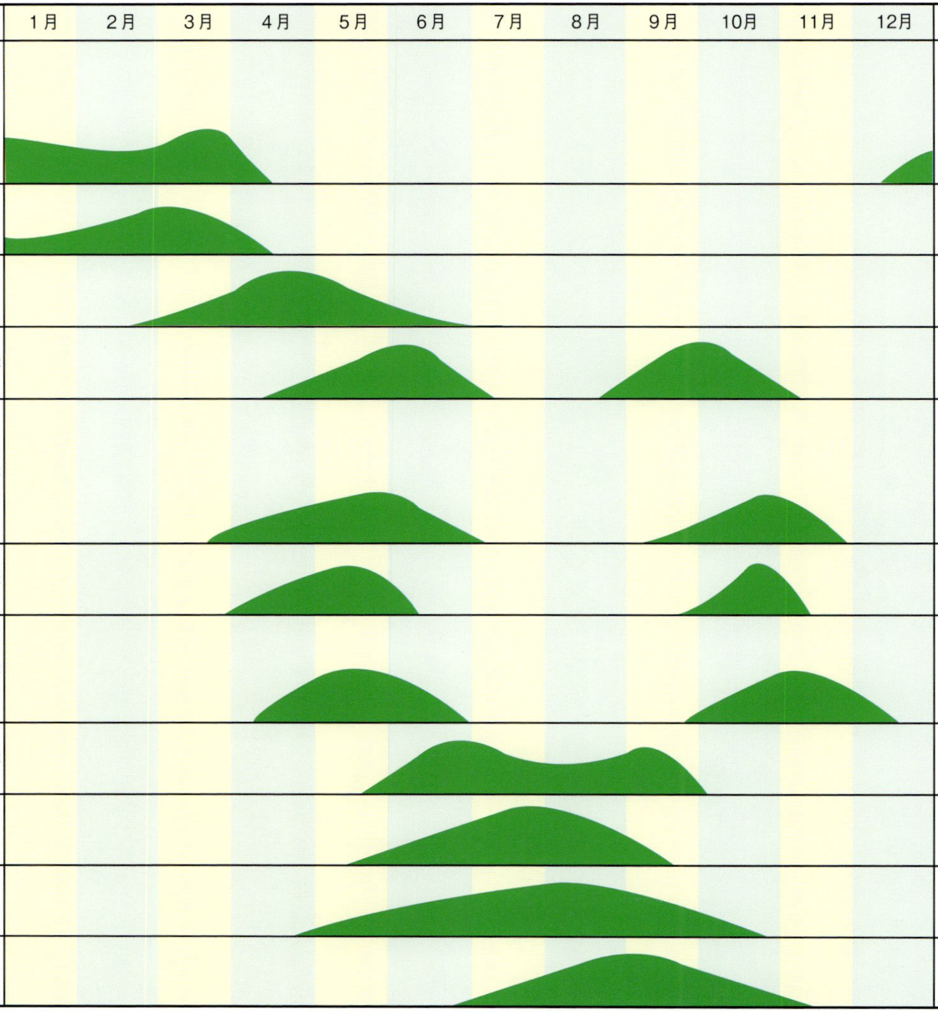

| 病　名 | | 発生温度 | 1月 | 2月 | 3月 | 4月 | 5月 | 6月 | 7月 | 8月 | 9月 | 10月 | 11月 | 12月 | 罹　病　芝　草 |
|---|---|---|---|---|---|---|---|---|---|---|---|---|---|---|---|
| 雪腐病 | 雪腐褐色小粒菌核病、雪腐黒色小粒菌核病、紅色雪腐病、雪腐大粒菌核病 | 0～8℃ | | | | | | | | | | | | | ベントグラス、フェスク類、ケンタッキーブルーグラス、ペレニアルライグラスなど |
| | リゾクトニア春はげ症 | 8～16℃ | | | | | | | | | | | | | ノシバ、コウライシバ |
| | ピシウム春はげ症 | 8～16℃ | | | | | | | | | | | | | コウライシバ |
| | ヘルミントスポリウム葉枯病（犬の足跡） | 16～25℃ | | | | | | | | | | | | | ケンタッキーブルーグラス、フェスク類、ノシバ、コウライシバ |
| | ダラースポット | 16～25℃ | | | | | | | | | | | | | ベントグラス、ファインフェスク、ケンタッキーブルーグラス、ペレニアルライグラス、ノシバ、コウライシバ |
| | リゾクトニアラージパッチ | 16～25℃ | | | | | | | | | | | | | ノシバ、コウライシバ |
| | さび病 | 16～25℃ | | | | | | | | | | | | | ケンタッキーブルーグラス、フェスク類、ペレニアルライグラス、バミューダグラス、ノシバ、コウライシバ |
| | リゾクトニアブラウンパッチ | 21～32℃ | | | | | | | | | | | | | すべての芝草 |
| | ピシウムブライト赤焼病 | 25℃以上 | | | | | | | | | | | | | バミューダグラス、ノシバ、コウライシバ、他のすべての寒地型芝草 |
| | フェアリーリング | 25℃以上 | | | | | | | | | | | | | すべての芝草 |
| | グレイリーフスポット（いもち病） | 25℃以上 | | | | | | | | | | | | | ベントグラス、フェスク類、ライグラス類、セントオーガスチン |

(柳より改)

●図 50　校庭芝生の主な病害と発生消長

### (3) ピシウム春はげ症
● 病状

2月下旬～3月上旬に新芽の基部が軟腐し、3月下旬～4月上旬には数㎡におよぶ不定形パッチとなります。症状は強く、土壌が露出することもあります。

● 対策

コアリングを十分に行って土壌の固結を緩和し、透水性を改善します。低刈りされた特定箇所に発生しやすいので、刈り高を上げるようにします。

### (4) 葉枯病（犬の足跡）
● 病状

ヘルミントスポリウム、ドリクスレラ、カーブラリア菌などによって、葉・葉鞘・ほふく茎に赤褐色の斑点を生じ、のち相連なって灰褐色化し枯死します。春から梅雨期と秋に発生し、とくに雨の多いときに多発します。

● 対策

チッソ肥料の多用を避け、罹病した刈りくずは除去します。夕方遅くの潅水を避け、風通しをよくし、葉面はなるべく乾かすように心掛けます。

葉枯病

### (5) ダラースポット
● 病状

病斑と健全部との境が暗赤褐色になります。初め、凹んだ数cmのパッチとなりますが、被害が拡大すると不整形の大きな枯死部を形成します。5～11月に発生しますが、被害部の菌核が翌年の伝染源となります。ほとんどの草種で発生がみられます。

● 対策

土壌の酸性を矯正し、チッソ不足に注意します。乾燥を避けるが、1回の潅水量を多くし、回数は控えめとします。刈りくずは取り除きます。

ダラースポット

### (6) リゾクトニア・ラージパッチ
● 病状

日本芝（コウライシバ、ノシバ）に発生しますが、その他の暖地型芝草にも発生することがあります。春と秋の2回発生し、病勢は夏に衰えます。茎葉部が侵され、病徴が進むと赤褐色から茶褐色となり、地際から抜けやすくなります。罹病した部分はパッチ状に枯れます。

● 対策

過度のサッチ除去は発病を促します。過湿地で発生しやすいので、排水につとめます。

モアなどの管理機械は水洗いして他所への拡散を防ぐようにします。

リゾクトニア・ラージパッチ

### (7) さび病
● **病状**

冠さび、葉さび、黄さび、黒さび病などがあります。葉に鉄さびのような褐色の病斑を生じ、群生して葉全体や葉鞘にまで広がります。病斑は長いだ円形で、成熟すると黄褐色ないし、さび色の胞子を飛散します。比較的冷涼な春と秋に発生します。コウライシバ、ノシバ、ケンタッキーブルーグラス、ペレニアルライグラスなどに発生がみられます。

● **対策**

日陰地で多湿な条件で発生しやすく、カリウム不足、チッソ過多は被害を大きくするので避けるようにします。風通しをよくし、葉に水滴が長く残らないようにします。

さび病

### (8) ブラウンパッチ
● **病状**

6月上旬頃より発生しますが、最盛期は7～8月です。梅雨明け後の急激な高温・多湿時に多発します。雲紋状黄褐色の斑点が現れ、次第に葉全体が紫緑色から褐色となってしおれます。罹病した部分は枯れてパッチ状になります。全ての芝草に発生しますが、品種による耐病性の差がかなり大きいです。

● **対策**

土壌酸度を矯正し、pHが6.0以下にならないようにします。土壌の固結を防止し、透水性や通気性を改善します。チッソ過多にならないように注意し、サッチの除去を行います。耐病性品種を選定し、使用するようにします。

ブラウンパッチ

### (9) ピシウムブライト・赤焼病
● **病状**

ピシウム菌の種類によって、高温期に多発する赤焼病および高温・多湿で日本芝に多発するピシウムブライトがあります。赤焼病は低温で発生する菌も関与しますので、春から

秋まで発病します。芝生に不整形の退色部が現れ、枯死して褐色となります。

● 対策

　排水不良条件で被害が拡大しますので、排水につとめます。潅水時期も大切で、とくに夕方の潅水は発病を助長しますので、早朝に行うのが望ましいでしょう。

## (10) フェアリーリング

● 病状

　きのこ類による病害です。梅雨期に発生が多く、秋に被害が拡大します。初め直径10cm ほどの濃緑色の部分が現れ、次第に拡大してリング状になります。リングの周辺部が生育旺盛な濃緑色となり、この近くにきのこを生じます。毎年同じ場所に発生し、乾燥時にはリングの内部が枯死することがあります。全ての芝草で発生がみられます。

● 対策

　15℃以上で発病しますが、高温期がもっとも激しいです。サッチを除去し、通気性や透水性を高めて、病気の広がりを防ぎます。十分な潅水、とくにコアリング後の浸透剤を添加した散水が効果的です。

フェアリーリング

## (11) グレイリーフスポット（いもち病）

● 病状

　葉や茎の小さな褐色の病斑が急速に大きくなって楕円形となります。最大の病斑は葉全体を覆うくらいになり、強い損傷を受けた葉は枯死します。病斑は紫～茶色の縁のある紫色～灰色を呈します。最近では、ベントグラスやフェスク類、ライグラス類での発生報告が多くあります。いもち病は高温多湿が続くと発病が激しくなり、最適温度は 25～30℃とされています。若い植物での被害が大きく、とくにチッソ過多になると顕著になります。

● 対策

　管理面では、チッソ過多や土壌の固結、過度の葉の湿潤化などによるストレスを避けるようにします。本病に抵抗性の品種を選定しますが、高温・多湿時の発病が多いので、ウインターオーバーシーディングは適期に行うことが望ましいでしょう。

## 2　虫から守るには

　芝生の害虫は、温度が高くなるほど活動が盛んになり、発生も多くなります。しかし、この時期は芝草の生長も旺盛で、刈り込みも多くなりますので、茎葉を食害するスジキリヨトウやシバツトガなどの葉の上に生みつけられた卵は、刈り込みにより除去されることが多いです。従って、芝草生長期の頻繁な刈り込みは、害虫の発生抑制に効果があります。

　虫害は、主に幼虫や成虫による直接的な被害と二次被害に分かれます。直接的な被害は、芝草の根や葉を食害することで芝生が傷つけられます。二次被害は、害虫を餌とするカラスなどの捕食行動により、芝生がはぎ取られたり、突つかれて穴があいたりして芝生が損傷する場合です。

　土壌害虫である、コガネムシやゾウムシは砂土で多く、粘土質の過湿な床土には少ないです。芝生化のために床土基盤が砂質土壌に改良された場合は、これらの害虫の発生に注意が必要です。害虫による食害はかなりのスピードで被害が拡大することがあり、芝生が裸地化するようであれば薬剤の散布も検討されなければなりません。また、次に述べる、エンドファイト共生品種の利用も有効です。

### (1) シバツトガ

　関東以西の平坦部での被害が多く、年3回発生を繰りかえします。幼虫は新芽のやわらかい部分を食害し、吐糸で枯草や砂粒などを綴って巣を作るのが特徴です。成虫は夜行性なので発生の確認に注意して下さい。

### (2) シバオサゾウムシ

　暖地では成虫でも越冬し、早春より地表部に移動して芝を食害します。成虫は茎の基部に産卵し、ふ化した幼虫が茎の内部を食い荒らします。老熟幼虫も越冬し、時期をずらして被害を与えます。幼虫による地下部の被害の方が大きく、晩夏～秋にかけて芝生が黄色に枯れ上がります。

### (3) スジキリヨトウ

　越冬した幼虫は春先より芝を食い荒らします。年2～3回発生し、産卵された場所を中心に被害が広がり、夏から秋にかけて芝生全面が枯れるほどの大被害を与えることがあります。幼虫の被害は地表～地下で進むため、発見が遅れがちとなります。幼虫密度の低い春先はスポット状に枯れ、病害と間違いやすいので注意を要します。

### (4) コガネムシ類

　コガネムシは種類が多く、それぞれ発生生態が異なります。一生を芝生ですごすものと、成虫は他の植物を食害するが、産卵は芝生に移動して、幼虫が芝草を食害するものに大別されます。コガネムシの種類に応じた防除対策が必要となります。

## 3　エンドファイトによる病虫害対策

　環境の面から、公共の芝生地や校庭芝生では殺虫剤や殺菌剤などの使用は極力避けなければなりません。その意味で、耐病性や耐虫性に優れた芝草品種に対する期待がこれまでになく高まっていましたが、最近の耐病性品種の育成は改良効果が著しいものがあります。しかしながら、耐虫性の付与はきわめて難しいものがありました。

　最近の芝草研究の中でもっともユニークなものは、エンドファイトの利用です。エンドファイトは、Endo＝内、内部の意、phyt(o)＝植物の意、の合成語であり、一生あるいはそのほとんどを植物体内で生活するカビや細菌をいい、内生菌と訳されることが多いです。エンドファイトは寄生植物の種子や植物組織内に菌糸の状態で共生しており、病徴は全く示さないので外観上は非感染植物と区別はつきません。現在、寒地型芝草で利用されているエンドファイトは、アクレモニウム属に含まれる糸状菌が主なものです。

　エンドファイトを組み込んだ芝草品種は、耐虫性や耐線虫性、耐病性が付与されるだけでなく、旱ばつ耐性や競合力なども向上します。エンドファイトは植物体内に共生し、普通に使用される農薬で死滅することはありません。寄生植物が枯死しない限り生存し続け、きわめて安定した効果が期待できます。

### (1) エンドファイトの生活史

　アクレモニウム・エンドファイトは種子によって次世代に伝えられ、野外では他に感染することはありません。種子の種皮と糊粉層の間に共生しているエンドファイトは、種子の発芽によって幼植物に移行し、生育に伴って植物体内で増殖します。植物が成熟して結実すれば、エンドファイトも種子内に移行します。

　植物組織内では、細胞間隙や髄腔に面した組織上を伸長し、細胞内に侵入することはありません。菌糸は植物組織のほとんどの部分に伸展しますが、密度は、葉鞘＞種子＞冠部＞葉身＞根 の順となります。アクレモニウム・エンドファイトの産生する毒素（アルカロイド）の主なものは、ロリトレム B、エルゴバリン、ペラミン、ロリンアルカロイドで、後二者が耐虫性物質とされています。

　エンドファイトは、種子をとおして次代に伝えられますが、種子の寿命よりも一般に生存期間は短いです。種子の貯蔵条件が悪ければ、比較的早く死滅して効力を失ないます。高温多湿条件での保管を避け、できるだけ低温で貯蔵した種子を利用することに心掛けたいものです。

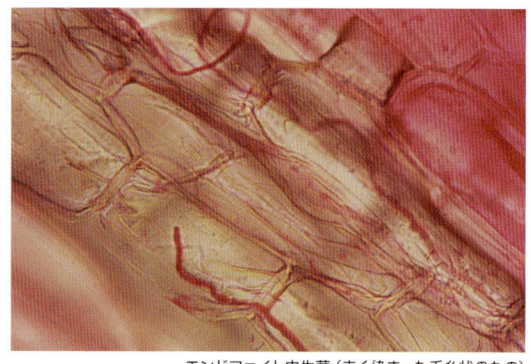

エンドファイト内生菌（赤く染まった毛糸状のもの）

## (2) エンドファイトを利用できる芝草とその効用

エンドファイトは、全ての寒地型芝草で利用できるわけではありません。エンドファイト強化草種は、ライグラス類、トールフェスク、レッドフェスク、チューイングフェスク、ハードフェスクなどに限られています。他の重要な芝草であるベントグラスやケンタッキーブルーグラスでは、まだ本格的に実用化されていません。

エンドファイトの共生する芝草は、多くの害虫に対して抵抗性を持つことが示されています。例えば、ペレニアルライグラスでは摂食阻害を起こすペラミンを産生して虫害を回避し、摂食阻害は示さないが神経毒素のロリトレムを産生して害虫を死滅させます。トールフェスクでは、摂食阻害と毒性をもつロリンアルカロイドを産生して耐虫性を発揮します。

耐病性の付与については、耐虫性ほど報告例は多くありません。エンドファイトの共生する芝草は、旱ばつなどの環境ストレスに強くなることが多いようです。トールフェスクでは、共生によって生理的変化が生じ、水分保持力が高まります。ペレニアルライグラスでは、共生によって適応性が拡大され、より高温な地帯でも利用できるようになりました。表30に、エンドファイトの共生によって耐虫性が付与された寒地型芝草を示しました。

エンドファイト内生菌の有無の比較（サイテーションⅡ）、右が内生菌有

● 表30 エンドファイトによって耐虫性が付与されている芝草

| 害　虫 | 寒　地　型　芝　草 |
|---|---|
| シバツトガ | ペレニアルライグラス、トールフェスク |
| ツマジロクサヨトウ | ペレニアルライグラス、トールフェスク、レッドフェスク |
| コオロギの一種 | ペレニアルライグラス |
| ムギクビレアブラムシ | ペレニアルライグラス、トールフェスク |
| ムギミドリアブラムシ | ペレニアルライグラス、トールフェスク、レッドフェスク、チューングフェスク |
| ナガカメムシ | トールフェスク、チューングフェスク |
| シバオサゾウムシ | ペレニアルライグラス、トールフェスク |
| トビムシの一種 | トールフェスク |
| コガネムシの一種 | ペレニアルライグラス |

基礎編6

# 芝草の評価法

## 1　芝草の適性と気候区分

　わが国は南北に細長く、気候の変異が非常に大きいです。芝草の生育適性品種を決める要素としては、中でも温度条件が最大要因となります。前述したように、北村は温量指数によって、日本を6気候区に分類しています（図3）。

　各気候区分における主要草種の適応性を表6に示していますが、適応する草種から、日本の気候を大きく3つに分けることができます。すなわち、寒地型芝草が適応する地帯（区分Ⅰ、Ⅱ、Ⅲの大部）、暖地型が主体の地域（区分Ⅳ、Ⅴ、Ⅵ）、寒地型芝草と暖地型芝草が栽培可能な地帯（区分Ⅲの一部、Ⅳ、Ⅴ）です。

　品種の適応性を調べるためには、上記3地帯で最低1カ所の評価試験が必要でしょう。最近の芝草品種の改良と管理技術の飛躍的な向上とが相まって、暖地でも越夏が可能な寒地型芝草が育成され、その逆に、寒地でも越冬が可能な暖地型芝草も育成されており、芝草の評価は今後さらに重要性を増すものと思われます。

## 2　NTEPについて

　米国農務省（USDA）では、National Turfgrass Evaluation Program（NTEP、芝草品種適応性評価）という、芝草の試験プログラムを実施しています。全米およびカナダを含む数十カ所で、各草種について非常に多くの品種比較試験を行っており、その膨大なデータは常に公表されています。

芝草評価試験（NTEP）

## 3　NTEPの試験区画と草種の配置

　試験圃場は、草種ごとに正方形に近い区画にまとめ、1品種それぞれ3反復行われています。大半の草種・品種の1区面積は 1.52×1.52m ≒ 2.3 ㎡で、ベントグラスやバミューダグラスなど地上ほふく茎を有するものは、1.52×3.05m ≒ 4.6 ㎡です。試験期間は、ほとんどの草種で4年間継続されます。

芝草検定圃場播種

# 4 主要形質の評価方法

NTEPの試験成績書にまとめられている形質のうち、日本でも主要となる形質の評価法は以下のとおりです。

## (1) 芝草の品質（芝質）：Turf quality

芝質の評価は原則として毎月行います。葉色や葉のキメ、密度、被覆率、病気など全ての要因を総合的に判断して、観察によって評価します。評価は9段階で行い、9を1番良質とします。

## (2) 葉色：Leaf color

実際の評価ではカラーチャートを用いて行いますが、色差計を使用して行われる場合もあります。評価は年に3～4回行いますが、日本では5～6月の葉色が品種固有の特長をもっともよく表現していると思われますで、この時期の葉色は必ず調査します。評価は9段階で行い、9をもっとも濃緑としています。

## (3) 春の萌芽（芽立ち）：Spring greenup

同じ草種の中で50％程度の品種が休眠から覚めた時に評価します。評価は9段階で行い、1を休眠、9を完全萌芽（緑色）としています。

## (4) 発芽・定着力：Seedling vigor

発芽後、ある程度の被覆率や草高に達した時に評価します。評価は9段階で行い、9を発芽・定着力がもっとも強とします。

## (5) 葉のキメ：Leaf texture

葉の幅を測定します。評価は9段階で行い、9がもっとも細かいとします。

## (6) 密度：Density

病気などでダメージを受けた所を除いた部分で評価します。評価は春、夏および秋に9段階で行い、9をもっとも密とします。

## (7) 被覆率：Ground cover

病虫害や雑草、旱ばつなどによるダメージを含めた状態で評価します。評価は春、夏および秋の被覆率（％）で行います。

## (8) 耐霜性：Frost tolerance

霜や低温によって芝草の葉が損傷を受けた度合いを評価します。評価は9段階で行い、9を損傷なしとします。

## (9) 冬枯れ：Winter kill

冬期間、低温や乾燥、霜などによるすべての損傷をいいます。評価は9段階で行い、9を冬枯れにもっとも強とします。

## (10) 耐旱性：Drought tolerance

しおれや葉焼け、生育休止またはそれらからの回復などで評価します。評価は9段階で行い、9がしおれ無し、100％緑葉を保持し、100％回復できるとします。

## (11) 耐病性：Disease tolerance

芝草の病気はリーフスポット、ブラウンパッチ、ダラースポット、グレイリーフスポット（いもち病）、紅色雪腐病、冠さび病、うどんこ病、ピシウム病、雪腐小粒菌核病、サマーパッチなどであり、評価は9段階で行い、9がもっとも耐病性が強いと評価します。

## (12) その他

虫害：Insect damage、耐踏圧性：Traffic tolerance、サッチの集積：Thatch accumulation、刈り込み品質：Mowing quality、耐陰性：Shade tolerance など、必要に応じて評価を行います。

**COLOR**

Color is the relationship of soil fertility, micronutrients and the genetic potential of each turf grass variety.

Texture (blade width) is the function of plant population, soil fertility, genetic potential, mowing and cultural practices.

**TEXTURE** (millimeters)

8　7.5　7　6.5　6　5.5　5　4.5　4　3.5　3　2.5　2　1.5　1　.5

Mowing Height
one inch
one-quarter inch

カラーチャート（下の部分で葉のキメを測定）

# 資料編 1

# 校庭芝生化の事例
―京都の実例から

## 1. 第1モデル校
## 京都市立嵯峨野小学校

2002年9月2日完成
京都市右京区嵯峨野千代ノ道町53
TEL 075-861-4177

| | |
|---|---|
| 児童数 | 約790人（2008年9月現在） |
| 芝生面積 | 約1,850㎡（中庭1,600㎡＋ランチガーデン250㎡）<br>※第1グラウンド、遊具広場あり |
| 芝品種と植栽方法 | 初期）張芝：暖地型　コウライシバ<br>現在）播種：バミューダグラスをベースに、ライグラス、ケンタッキーブルーグラスをオーバーシーディング |
| 潅水方法・水源 | スプリンクラーによる自動潅水＋手散き<br>水源：既存の防火用水（井戸水）を利用 |
| 土壌改良 | 表土約15cm分を除去（残土処分）し、新たに客土（有機質改良材入り）を補充。セラミック7％混入 |
| 排水 | 表面排水 |
| 芝生化造成工事費<br>担当：城南工建 | 約1,100万円　初期工事単価　約6,000円／㎡<br>　下地造成工事：約200万円<br>　　　※残土集積・処理費、整地・転圧、外周配水工事等<br>　客　土：約360万円　※有機質改良材入り客土<br>　張芝　植栽：約190万円　※コウライシバ<br>　引渡しまでの維持管理：約150万円<br>　　　※潅水・施肥・目土・刈り込み等<br>　スプリンクラー設置：約200万円<br>　　　※貯水タンク、ポンプ、井戸水送水工事等含む |

# 京都市立嵯峨野小学校　維持管理記録

※芝刈り・施肥・潅水などの日常管理の実施は省略。
※WOS・OS・IS：ベースの暖地型芝に対して秋に寒地型芝を播いて保護する（ウィンターオーバーシーディング＝ WOS）、同じく春に播く（オーバーシーディング＝ OS）。初夏にベースと同じ芝を播いて補修する（インターシーディング＝ IS）。
- 春の OS は、寒地型芝の冬期間の損傷が激しい場合に行う。
- 初夏の IS は、ベース芝の損傷が激しく、回復が遅れた場合に行う。

※芝品種／ B：バミューダグラス「リビエラ」、PP：ペレニアルライグラス「ピザーズ」、PC：ペレニアルライグラス「カタリナⅡ」、KB：ケンタッキーブルーグラス「ムーンライト」、Ch：チューイングフェスク「シャドウ」、Cr：クリーピングレッドフェスク「ナビゲーター」、I：インターメディエイトライグラス「サツキワセ」

## ■ 2002 年

| 実　施　日 | | 作　業　内　容　ほか |
|---|---|---|
| 6月 | 2日（日） | 張芝植栽式 |
| 7月 | | 芝生養生・芝刈り・肥料散布　適宜 |
| 9月 | 2日（月） | 芝生完成式 |
| 10月 | 24日（木） | WOS（Ch）を試験導入（体育館の日陰部分） |
| 11月 | 5日（火） | 寒冷紗覆い（寒地芝部分のみ） |
| | 30日（土） | 寒冷紗外し |
| 12月 | 10日（火） | 第1回　グリーン応援団会議 |

## ■ 2003 年

| 実　施　日 | | 作　業　内　容　ほか |
|---|---|---|
| 3月 | 14日（金） | バーチカルカッティング＋コアリング ＋ 目土 → 透水性改善作業 |
| | 28日（金） | 第2回　グリーン応援団会議 |
| 4月 | 22日（火） | OS（PP）（中庭、ランチガーデン） |
| 5月 | 6日（火） | OS（PP）　追播（発芽の弱い部分） |
| | 12日（月） | OS（PP）　追播（6日作業のフォロー） |
| | 28日（水） | 第3回　グリーン応援団会議 |
| 6月 | 21日（土） | マンドリンの夕べ |
| 8月 | 8日（金） | 第4回　グリーン応援団会議 |
| | 20日（水） | 再播（B・KB）（全面） |
| | 28日（木） | 嵯峨野っこ大集合 |
| 9月 | 6日（土） | コアリング ＋ 目土 |
| | 9日（火） | 目土　追加 |
| | 10日（水） | OS（PP）追播（発芽の弱い部分） |
| | 28日（日） | 区民運動会 |
| 10月 | 4日（土） | 嵯峨野小　運動会 |
| | 9日（木） | 追播（ランチガーデンほか） |
| | 13日（祝） | ふれあいまつり（福祉まつり） |
| | 18日（土） | 目土 ＋ WOS（PP）追播（体育館側）、夜：月明かり芝生劇場 |
| | 19日（日） | OS（PC）（中庭の中央部分） |
| 11月 | 24日（祝） | コアリング ＋ WOS（Ch）（中庭） |
| 12月 | 6日（土） | 第5回　グリーン応援団会議 |

■ 2004 年

| 1 月 | 15 日（木） | 養生シート　試験導入（2 月末まで） |
|---|---|---|
| 2 月 | 2 日（月） | 騎馬戦大会（中間休み） |
| | 28 日（土） | 第 6 回　グリーン応援団会議 |
| 3 月 | 20 日（土） | コアリング（全面）＋ バーチカル ＋ OS（PP） |
| 5 月 | 29 日（土） | 第 7 回　グリーン応援団会議 |
| 6 月 | 12 日（土） | IS（B・KB）＋ 目土 |
| | 26 日（土） | 芝生の夕べ |
| 7 月 | 21 日（水） | コアリング ＋ IS（B）＋ 補修用にペレニアル追播 |
| 8 月 | 28 日（土） | 目土 |
| 9 月 | 5 日（日） | コアリング（手動）＋ IS（B）（日焼部分） |
| | 25 日（土） | コアリング ＋ WOS（PP・KB） |

■ 2005 年

| 3 月 | 19 日（土） | コアリング ＋ OS（PP・KB）＋ 目土 |
|---|---|---|
| 6 月 | 4 日（土） | 2005 年度　グリーン応援団会議 |
| | 26 日（日） | コアリング ＋ IS（B） |
| 10 月 | 23 日（日） | コアリング ＋ WOS（PP・KB）＋ 目土 |

■ 2006 年

| 3 月 | 18 日（土） | コアリング ＋ OS（PP・KB） |
|---|---|---|
| 6 月 | 24 日（土） | コアリング ＋ IS（B）＋ 目土 |
| 9 月 | 23 日（土） | WOS（PC・KB） |

■ 2007 年

| 3 月 | 17 日（土） | バーチカル ＋ OS（PC・KB）＋ 目土 |
|---|---|---|
| 5 月 | 19 日（土） | 体育館側日陰部分に、人工土壌で育成された芝を張付け |
| 6 月 | 23 日（土） | コアリング ＋ IS（B）＋ 目土 |
| 9 月 | 29 日（土） | WOS（I・KB）＋ ブラッシング |

■ 2008 年

| 3 月 | 15 日（土） | コアリング ＋ OS（I・PC・KB）＋ 目土 ＋ ブラッシング |
|---|---|---|
| 6 月 | 28 日（土） | コアリング ＋ IS（B）＋ 目土 ＋ ブラッシング |
| 10 月 | 3 日（金） | スパイキング |
| | 4 日（土） | WOS（I・PC・KB）＋ 目土 ＋ ブラッシング |

## 2. 第2モデル校
# 京都市立西陣中央小学校

2003年8月27日完成

京都市上京区大宮通今出川上る観世町135-1
TEL 075-432-5522

| | |
|---|---|
| 児童数 | 557人（2008年9月現在） |
| 芝生面積 | 初期工事　約2,000㎡<br>→ 2005年春以降は、校舎側の一部（約300㎡）のみ芝生化<br>→ 2006年秋、ランチガーデン（約190㎡）芝生化 |
| 芝品種と植栽方法 | 初期）張芝：暖地型　ティフトン419<br>現在）播種：バミューダグラスをベースに、ライグラス、ケンタッキーブルーグラスをオーバーシーディング |
| 潅水方法・水源 | スプリンクラーによる自動潅水<br>水源：井戸水（新規掘削費用は京都市が負担） |
| 土壌改良 | 表土10cm分の改良材入り客土を混入して耕耘、セラミック施用せず |
| 排水 | 暗渠排水（既存）＋表面排水 |
| 芝生化造成工事費<br>担当：城南工建 | 約810万円　初期工事単価　約4,000円／㎡<br>　下地造成工事：約220万円　※攪拌・整地・転圧<br>　客　　土：約110万円　※有機質改良材入り客土<br>　張芝　植栽：約200万円　※ティフトン419<br>　引渡しまでの維持管理：約200万円<br>　　　　※散水・施肥・目土・刈り込み等<br>　スプリンクラー設置：約80万円 |

# 京都市立西陣中央小学校　維持管理記録

※芝刈り・施肥・潅水などの日常管理の実施は省略。
※WOS・OS・IS：ベースの暖地型芝に対して秋に寒地型芝を播いて保護する（ウィンターオーバーシーディング＝WOS）、同じく春に播く（オーバーシーディング＝OS）。初夏にベースと同じ芝を播いて補修する（インターシーディング＝IS）。
- 春のOSは、寒地型芝の冬期間の損傷が激しい場合に行う。
- 初夏のISは、ベース芝の損傷が激しく、回復が遅れた場合に行う。

※芝品種／**B**：バミューダグラス「リビエラ」、**PP**：ペレニアルライグラス「ピザーズ」、**PC**：ペレニアルライグラス「カタリナⅡ」、**KB**：ケンタッキーブルーグラス「ムーンライト」、**Ch**：チューイングフェスク「シャドウ」、**Cr**：クリーピングレッドフェスク「ナビゲーター」、**I**：インターメディエイトライグラス「サツキワセ」

## ■2003年

| 実　施　日 | | 作　業　内　容　ほ　か |
|---|---|---|
| 5月 | | 造成計画作成 |
| | 21日（水） | 校庭利用状況調査 |
| | 24日（土） | 造成工事着工 |
| 6月 | 1日（日） | NPOによる張芝作業 |
| 7月 | 2日（水） | 芝生植栽式　（全児童参加） |
| 7月～ | | 養生・芝刈・肥料散布　適宜 |
| 8月 | 27日（水） | 芝生完成式 |
| 9月 | 20日（土） | 西陣中央小学校運動会 |
| | 26日（金） | WOS（PP・Ch） |
| 10月 | 12日（日） | 桃薗・聚楽・西陣3学区合同　区民運動会 |
| | 18日（土） | WOS（PP・Ch）追播 |
| 11月 | 8日（土） | WOS（PP・Ch）（校庭東半分）＋目土 |
| | 16日（日） | 上子連ドッジボール大会 |
| 12月 | 5日（金） | コアリング＋WOS（Ch） |

## ■2004年

| 実施日 | | 作業内容ほか |
|---|---|---|
| 1月 | | 不陸修正作業 |
| 2月 | 7日（土） | 学校・市教委と補修について協議 |
| 3月 | 23日（火） | 春の補修<br>・西側　約1900㎡：コアリング＋バーチカル＋播種（PP）<br>・昇降口約100㎡：耕耘＋改良材（セラミック5％混入）＋播き芝（ティフトン419）＋播種（PP） |
| 4月 | 24日（土） | 補植 |
| 5月 | 15日（土） | 校庭利用制限解除（養生期間約1ヵ月半） |
| | 22日（土） | 補植 |
| 7月 | 21日（水） | 昇降口（200㎡）のコアリング＋OS（B） |
| 8月 | 7日（土） | コアリング＋IS（B） |
| 9月 | 25日（土） | コアリング＋WOS（PP・KB） |
| 10月 | 10日（日） | 体育祭後　WOSされた芝が大きなダメージを受ける |
| 11月 | | すり切れ激化（春までは更新作業を中止） |

■ 2005年

| 4月 | | 校舎側にピザーズ芝の株苗を補植（学校が作業） |
|---|---|---|
| 5月 | | |
| 6月 | 26日（日） | 校舎側＋遊具ゾーン　約550㎡のみ　コアリング＋IS（B） |
| 10月 | 6日（木） | 校舎側＋遊具ゾーン　約550㎡のみ　コアリング＋WOS（PP・Cr） |

■ 2006年

| 3月 | 18日（土） | 校舎側300㎡のみ　OS（PP・KB） |
|---|---|---|
| 6月 | 24日（土） | コアリング＋IS（B）、結果として暖地型芝定着せず |
| 10月 | 2日（月） | ランチガーデン190㎡に、人工土壌で育成された芝を張り付け。ベースはB（リビエラ）＋KB、施工直後にWOS（PC）を実施。 |

■ 2007年

| 9月 | 29日（土） | WOS（I・KB） |
|---|---|---|

■ 2008年

| 3月 | 15日（土） | OS（I・KB）＋目土 |
|---|---|---|
| 4月 | 5日（土） | ランチガーデンにて野点の会 |
| 6月 | 21日（土） | コアリング＋IS（B）＋目土 |
| 10月 | 4日（土） | スパイキング＋WOS（I、PC、KB）＋目土 |

## 3. 第3モデル校
### 京都市教育相談総合センター
（こどもパトナ・洛風中学校）

2002年10月5日完成

京都市中京区姉小路通東洞院東入
TEL 075-254-7900

| | |
|---|---|
| 児童・生徒数 | こどもパトナ（ふれあいの杜）約50人＋洛風中学 約40人<br>（2008年9月現在） |
| 芝生面積 | 約1,500㎡　※トラック部分（360㎡）の人工芝は対象外<br>（人工芝造成費用は京都市が負担） |
| 芝品種と植栽方法 | 播種　暖地型：バミューダグラス「リビエラ」<br>　　　寒地型：ケンタッキーブルーグラス「ムーンライト」 |
| 潅水方法・水源 | スプリンクラーによる自動潅水＋手散き<br>水源：既存の井戸水を利用 |
| 土壌改良 | 表土約17cm分の土壌改良材入り客土を補充、セラミック7％混入。 |
| 排水 | 表面排水 |
| 芝生化造成工事費<br>担当：タキイ種苗 | 約790万円　初期工事単価　約5,300円／㎡<br>　**下地造成工事：約470万円**<br>　　　※改良材入り客土・整地・転圧<br>　**張芝工：約60万円**　※3種混合（7月に実施）<br>　**引渡しまでの維持管理：約100万円**<br>　　　※散水・施肥・目土・刈り込み等<br>　**スプリンクラー設置：約160万円**<br>　　　※こどもパトナ側の事情で、下地造成工事と張芝工を春・夏2回に分けたためにコストアップ |

# 京都教育相談総合センター（こどもパトナ・洛風中学校） 維持管理記録

※ 芝刈り・施肥・潅水などの日常管理の実施は省略。
※ WOS・OS・IS：ベースの暖地型芝に対して秋に寒地型芝を播いて保護する（ウィンターオーバーシーディング＝ WOS）、同じく春に播く（オーバーシーディング＝ OS）。初夏にベースと同じ芝を播いて補修する（インターシーディング＝ IS）。
- 春の OS は、寒地型芝の冬期間の損傷が激しい場合に行う。
- 初夏の IS は、ベース芝の損傷が激しく、回復が遅れた場合に行う。

※ 芝品種／B：バミューダグラス「リビエラ」、PP：ペレニアルライグラス「ピザーズ」、PC：ペレニアルライグラス「カタリナⅡ」、KB：ケンタッキーブルーグラス「ムーンライト」、Ch：チューイングフェスク「シャドウ」、Cr：クリーピングレッドフェスク「ナビゲーター」、I：インターメディエイトライグラス「サツキワセ」

■ 2003 年

| 実　施　日 | | 作　業　内　容　ほ　か |
|---|---|---|
| 4 月 | 14 日（月） | 春施工部分　工事着工 |
| | 18 日（金） | 春施工部分　グラウンド整地作業 |
| | 28 日（月） | こどもパトナ開所式 |
| 5 月 | 1 日（木） | 春施工部分　播種作業 |
| | 19 日（月） | 春施工部分　追播 |
| 6 月 | 3 日（火） | 春施工部分　芝刈り |
| | | 芝生の養生 |
| 7 月 | 29 日（火） | 夏施工部分　工事着工　張芝作業（春施工と同時に滋賀県にて養生） |
| 8 月 | | 芝刈り・肥料散布　適宜 |
| 10 月 | 5 日（日） | 芝生完成式（学区民運動会） |
| | 18 日（土） | WOS（KB）＋ 目土 |
| 11 月 | 18 日（火） | WOS（KB）（トラック内部のみ） |
| | 19 日（水） | 芝生養生（12 月 4 日まで） |

■ 2004 年

| 実　施　日 | | 作　業　内　容　ほ　か |
|---|---|---|
| 3 月 | 20 日（土） | バーチカル ＋ OS（PP）（トラック内のみ） |
| | 31 日（水） | 校庭北側の排水工事に伴う芝生の移植　約 92 ㎡ |
| 4 月 | 24 日（土） | OS（PP・KB）部分追播 |
| 6 月 | 13 日（日） | パトナ開所 1 周年記念イベント |
| 9 月 | 25 日（土） | コアリング ＋ WOS（PP・KB）＋ 目土 |
| 10 月 | 10 日（日） | 地域体育祭 |
| | 18 日（月） | 洛風中学　開校式 |

■ 2005 年

| 実　施　日 | | 作　業　内　容　ほ　か |
|---|---|---|
| 3 月 | 19 日（土） | コアリング ＋ OS（PP）＋ 目土 |
| 6 月 | 25 日（土） | コアリング ＋ IS（B） |
| 10 月 | 16 日（日） | WOS（PP・Cr）＋ 目土 |

■ 2006 年

| 3 月 | 18 日（土） | コアリング ＋ OS（PP・KB） |
|---|---|---|
| 6 月 | 24 日（土） | コアリング ＋ IS（B）＋ 目土 |
| 9 月 | 23 日（土） | WOS（I・KB）＋ ブラッシング |

■ 2007 年

| 3 月 | 24 日（土） | コアリング ＋ OS（PP・KB） |
|---|---|---|
| 6 月 | 23 日（土） | コアリング ＋ IS（B）＋ 目土 |
| 9 月 | 22 日（土） | WOS（PC・KB）＋ ブラッシング |

■ 2008 年

| 3 月 | 22 日（土） | コアリング ＋ OS（I・PC・KB）＋ 目土 ＋ ブラッシング |
|---|---|---|
| 6 月 | 21 日（土） | コアリング ＋ IS（B）＋ 目土 ＋ ブラッシング |
| 10 月 | 17 日（金） | スパイキング |
|  | 18 日（土） | WOS（I・PC・KB）＋ 目土 ＋ ブラッシング |

## 4．第4モデル校
# 京都市立横大路小学校

2004年7月7日完成
京都市伏見区横大路草津町 54-1
TEL 075-601-0356

| 児童数 | 187人（2008年9月現在） |
|---|---|
| 芝生面積 | 約900㎡　※本グラウンド（約4,000㎡）あり |
| 芝品種と植栽方法 | 播種　暖地型：バミューダグラス「リビエラ」<br>　　　寒地型：ケンタッキーブルーグラス「ムーンライト」＋ペレニアルライグラス「ピザーズ」。3種混植で年中グリーンを目指す。 |
| 灌水方法・水源 | スプリンクラーによる自動灌水＋手散き<br>水源：井戸水（新規掘削費用は京都市が負担） |
| 土壌改良 | 表土約10cmをすき取り後、12cm分の土壌改良材入り客土を補充、セラミック10％混入 |
| 排水 | 暗渠排水（新設）＋表面排水 |
| 芝生化造成工事費<br>担当：城南工建 | 約680万円　初期工事単価　約7,500円／㎡<br>　下地造成工事：約210万円<br>　　　　※暗渠排水・残土処理・整地・転圧<br>　客　土：約200万円　有機質改良材入り客土　12cm<br>　種子播き工：約50万円　※3種混合<br>　引渡しまでの維持管理：約150万円<br>　　　　※灌水・施肥・目土・刈り込み等<br>　スプリンクラー設置：約70万円 |

# 京都市立横大路小学校　維持管理記録

※芝刈り・施肥・潅水などの日常管理の実施は省略。
※ WOS・OS・IS：ベースの暖地型芝に対して秋に寒地型芝を播いて保護する（ウィンターオーバーシーディング＝ WOS）、同じく春に播く（オーバーシーディング＝ OS）。初夏にベースと同じ芝を播いて補修する（インターシーディング＝ IS）。
  ・春の OS は、寒地型芝の冬期間の損傷が激しい場合に行う。
  ・初夏の IS は、ベース芝の損傷が激しく、回復が遅れた場合に行う。
※芝品種／ B：バミューダグラス「リビエラ」、PP：ペレニアルライグラス「ピザーズ」、PC：ペレニアルライグラス「カタリナⅡ」、KB：ケンタッキーブルーグラス「ムーンライト」、Cr：クリーピングレッドフェスク「ナビゲーター」、I：インターメディエイトライグラス「サツキワセ」

## ■ 2004 年

| 実　施　日 | | 作　業　内　容　ほ　か |
|---|---|---|
| 2 月 | 29 日（日） | 学校・PTA・地域自治会との第 1 回会議 |
| 3 月 | 21 日（日） | 学校・PTA・地域自治会との第 2 回会議 |
|  | 25 日（木） | 造成工事着工 |
| 4 月 | 3 日（土） | 種子播き式 |
| 6 月 | 26 日（土） | 応援団との第 3 回会議 |
|  | 26 日（土） | OS（B・KB） |
| 7 月 | 7 日（水） | 芝生完成式 |
| 10 月 | 1 日（金） | OS（KB）日陰や傷みの激しい部分のみ実施 |
|  | 13 日（水） | 3 年ＰＴＣ　ミニ運動会 |
|  | 15 日（金） | 芝生スマイル給食会 |
|  | 29 日（金） | WOS（PP・KB）、＋目土 |
| 11 月 | 2 日（火） | WOS（PP・KB）29 日の残りを実施 |
|  | 8 日（月）～ | 冬芝の発芽・定着のために養生スタート |

## ■ 2005 年

| 実　施　日 | | 作　業　内　容　ほ　か |
|---|---|---|
| 3 月 | 5 日（土） | 地域応援団との合同会議 |
|  | 16 日（水） | OS（PP） |
| 6 月 | 26 日（日） | コアリング |
| 7 月 | 5 日（火） | IS（B）　児童約 30 人参加 |
| 10 月 | 6 日（木） | コアリング |
|  | 7 日（金） | WOS（PP・Cr）＋目土 |
|  | 11 日（火） | 目土作業　総合学習の一環として児童も参加 |

## ■ 2006 年

| 実　施　日 | | 作　業　内　容　ほ　か |
|---|---|---|
| 3 月 | 10 日（金） | コアリング ＋ OS（PP・KB）＋ 目土 |
| 6 月 | 24 日（土） | コアリング ＋ IS（B）＋ 目土 |
| 9 月 | 23 日（土） | WOS（PC・KB） |

■ 2007年

| 3月 | 17日（土） | バーチカル ＋ OS（PC・KB）＋ 目土 |
| 6月 | 25日（月） | コアリング ＋ IS（B）＋ 目土 |
| 9月 | 25日（火） | WOS（I・KB）＋ ブラッシング |

■ 2008年

| 3月 | 15日（土） | コアリング ＋ OS（I・PC・KB）＋ 目土 ＋ ブラッシング |
| 6月 | 21日（土） | コアリング ＋ IS（B）＋ 目土 ＋ ブラッシング |
| 10月 | 4日（土） | スパイキング ＋ WOS（I・PC・KB）＋ 目土 ＋ ブラッシング |

感動体験（芝生化の効果・喜び談）

**Do you Kyoto?**

校庭の芝生化ができて5年が経過しました。いま子どもたちも保護者たちも、本校に芝生があることが当然のように思われています。本年、転勤してきた職員が「職員室や他の部屋の窓を開けていても、砂塵が無いので本当に快適ですね！」と話していました。また、エアコンを入れるのも最小限にできることもあり、それは芝生化による大きな効用の1つなのです。もちろん、子どもたちの健康に寄与することも多大です。今後も環境教育に率先して取り組んでいきたいと思っています。（横大路小学校　川又篤校長）

## 5．第5モデル校
# 京都市立西総合支援学校

2005年8月30日完成

京都市西京区大枝北沓掛町一丁目 21-21
TEL 075-332-4275

| | |
|---|---|
| 児童・生徒数 | 168人（2008年9月現在） |
| 芝生面積 | 約1,000㎡　→秋の更新作業で＋500㎡を芝生化（計1,500㎡に）<br>※トラックは対象外（土のまま） |
| 芝品種と植栽方法 | 播種　暖地型：バミューダグラス「リビエラ」……初期工事では暖地型芝のみ播種<br>　　　寒地型：ケンタッキーブルーグラス「ムーンライト」＋ペレニアルライグラス「ピザーズ」 |
| 潅水方法・水源 | 可動式スプリンクラー＋手散き　　　水源：水道水 |
| 土壌改良 | 有機改良材入り客土、セラミック7％混入。 |
| 排水 | 表面排水 |
| 芝生化造成工事費<br>担当：城南工建 | 約510万円　初期工事単価　約3,400円／㎡<br>　下地造成工事：約150万円<br>　　　※残土処理・整地・転圧<br>　客　土：約160万円　※有機質改良材入り客土　12cm<br>　種子播き工：約55万円　　※初期工事では「リビエラ」のみ<br>　引渡しまでの維持管理：約130万円<br>　　　※潅水・施肥・目土・刈込み等<br>　潅水器具設置：約15万円<br>　　　※ホース・反発式スプリンクラー |

# 京都市立西総合支援学校　維持管理記録

※ 芝刈り・施肥・潅水などの日常管理の実施は省略。
※ WOS・OS・IS：ベースの暖地型芝に対して秋に寒地型芝を播いて保護する（ウィンターオーバーシーディング＝WOS）、同じく春に播く（オーバーシーディング＝OS）。初夏にベースと同じ芝を播いて補修する（インターシーディング＝IS）。
- 春のOSは、寒地型芝の冬期間の損傷が激しい場合に行う。
- 初夏のISは、ベース芝の損傷が激しく、回復が遅れた場合に行う。

※ 芝品種／**B**:バミューダグラス「リビエラ」、**PP**:ペレニアルライグラス「ピザーズ」、**PC**:ペレニアルライグラス「カタリナⅡ」、**KB**:ケンタッキーブルーグラス「ムーンライト」、**Cr**:クリーピングレッドフェスク「ナビゲーター」、**I**:インターメディエイトライグラス「サツキワセ」

## ■2004年

| 実　施　日 | | 作　業　内　容　ほか |
|---|---|---|
| 10月 | 9日（土） | 現地視察 |

## ■2005年

| 実　施　日 | | 作　業　内　容　ほか |
|---|---|---|
| 5月 | 21日（土） | 学校・PTA・地域自治会との合同会議 |
| 6月 | 6日（月） | 造成工事着工 |
| | 18日（土） | 種子播き式 |
| 7月 | 30日（土） | 一斉雑草引き（NPO）→現地土を改良・使用したため雑草（ニワホコリ）が大量発生 |
| 8月 | 3日（水） | 養生　芝刈り　肥料散布　適宜 |
| | 30日（火） | 芝生完成式 |
| 10月 | 8日（土） | WOS（PP・Cr）＋目土 |

## ■2006年

| 実　施　日 | | 作　業　内　容　ほか |
|---|---|---|
| 3月 | 18日（土） | OS（PP・KB） |
| 9月 | 30日（土） | WOS（PP・KB） |

## ■2007年

| 実　施　日 | | 作　業　内　容　ほか |
|---|---|---|
| 7月 | 7日（土） | IS（リビエラ）と追加部分（500㎡）への播種＋目土 |
| 10月 | 4日（木） | WOS（I・PC・KB）＋ブラッシング |
| | 13日（土） | 芝生まつり |

## ■2008年

| 実　施　日 | | 作　業　内　容　ほか |
|---|---|---|
| 3月 | 22日（土） | コアリング＋（I・PC・KB）＋目土＋ブラッシング |
| 7月 | 3日（水） | コアリング＋IS（B）＋目土、トラック部分も芝生化（総面積2,300㎡） |
| 9月 | 22日（月） | スパイキング＋WOS（I・PC・KB）＋目土＋ブラッシング |
| 10月 | 11日（土） | 芝生まつり |

## 6．第6モデル校
# 京都市立百々小学校

2006年11月17日完成

京都市山科区西野山百々町 173-1
TEL 075-593-3250

| | |
|---|---|
| 児童数 | 651人（2008年9月現在） |
| 芝生面積 | 約1,150㎡（秋施工970㎡、翌4月施工80㎡）※本グラウンドあり |
| 芝品種と植栽方法 | 張芝：2種混合　バミューダグラス「リビエラ」、ケンタッキーブルーグラス「ブルーベルベット」<br>　→完熟した樹木のチップ（バーク）とモミガラを混合した人工土壌で芝を養生（岩手県）<br>寒地型：インターメディエイト「サツキワセ」を張芝施工時（10月2日）にウインターオーバーシーディング実施 |
| 灌水方法・水源 | スプリンクラーによる自動灌水<br>水源：井戸水 |
| 土壌改良 | 現地土約5cmを耕うんし、新たに18cm客土（有機質改良材入り）、セラミック5％混入。 |
| 排水 | 表面排水 |
| 芝生化造成工事<br>担当：タキイ種苗 | 下地造成工事　※整地・転圧<br>　客　土　※有機質改良材入り客土<br>　張芝　植栽　※暖地型・寒地型、2種混合<br>　引渡しまでの維持管理　※灌水・施肥・目土・刈り込み等<br>　スプリンクラー設置<br>　　　※貯水タンク、ポンプ、井戸水送水工事等含む |

# 京都市立百々小学校　維持管理記録

※芝刈り・施肥・潅水などの日常管理の実施は省略。
※ WOS・OS・IS：ベースの暖地型芝に対して秋に寒地型芝を播いて保護する（ウィンターオーバーシーディング= WOS）、同じく春に播く（オーバーシーディング= OS）。初夏にベースと同じ芝を播いて補修する（インターシーディング= IS）。
  ・春のOSは、寒地型芝の冬期間の損傷が激しい場合に行う。
  ・初夏のISは、ベース芝の損傷が激しく、回復が遅れた場合に行う。
※芝品種／ **B**:バミューダグラス「リビエラ」、**PC**:ペレニアルライグラス「カタリナⅡ」、**KB**:ケンタッキーブルーグラス「ムーンライト」、**I**：インターメディエイトライグラス「サツキワセ」

## ■ 2006 年

| 実　施　日 || 作　業　内　容　ほ　か |
|---|---|---|
| 7 月 | 5 日（水） | 学校・PTA・地域自治会・京都市教育委員会との会合 |
| 9 月 | 20 日（水） | 造成工事着工 |
| 10 月 | 2 日（月） | 張芝式。同時に WOS（I）実施 |
|  | 3 日（火） | 前日の残り部分を張り付け、同時に WOS（I）実施 |

## ■ 2007 年

| 実　施　日 || 作　業　内　容　ほ　か |
|---|---|---|
| 3 月 | 17 日（土） | OS（PC・KB） |
| 4 月 | 16 日（月） | 春の追加工事（約 80㎡） |
| 5 月 | 14 日（月） | 学校・PTA・地域住民・NPO との芝生維持管理会議 |
| 6 月 | 23 日（土） | IS（B）＋ 目土 |
| 9 月 | 22 日（土） | WOS（I・KB）＋ ブラッシング |

## ■ 2008 年

| 実　施　日 || 作　業　内　容　ほ　か |
|---|---|---|
| 3 月 | 15 日（土） | コアリング ＋ OS（I・PC・KB）＋ 目土 ＋ ブラッシング |
| 6 月 | 21 日（土） | コアリング ＋ IS（B）＋ 目土 ＋ ブラッシング |
| 10 月 | 10 日（金） | スパイキング |
|  | 11 日（土） | WOS（I・PC・KB）＋ 目土 ＋ ブラッシング |

## 7. 第7モデル校
# 京都市立伏見南浜幼稚園

京都市伏見区丹後町142
TEL 075-601-2731

2007年8月30日完成

| | |
|---|---|
| 園児数 | 76人（2008年9月現在） |
| 芝生面積 | 約120㎡（当該地は遊具類が多く、区画が複雑） |
| 芝品種と植栽方法 | 張芝：2種混合　バミューダグラス「リビエラ」、ケンタッキーブルーグラス「ブルーベルベット」<br>寒地型：インターメディエイト「サツキワセ」、ケンタッキーブルーグラス「ムーンライト」をWOS |
| 潅水方法・水源 | 手動潅水<br>水源：水道水 |
| 土壌改良 | 表土15cm分の改良材入り客土を耕うん、セラミック5％混入。 |
| 排水 | 表面排水 |
| 芝生化造成工事<br>担当：タキイ種苗 | 下地造成工事　※有機質改良材入り客土<br>　張芝工：暖地型<br>　　　　※寒地型芝2種混合<br>　引渡しまでの維持管理　※潅水・施肥・刈り込み等<br>　潅水器具設置　※なし |

# 京都市立伏見南浜幼稚園　維持管理記録

※芝刈り・施肥・潅水などの日常管理の実施は省略。
※ WOS・OS・IS：ベースの暖地型芝に対して秋に寒地型芝を播いて保護する（ウィンターオーバーシーディング＝ WOS）、同じく春に播く（オーバーシーディング＝ OS）。初夏にベースと同じ芝を播いて補修する（インターシーディング＝ IS）。
- 春の OS は、寒地型芝の冬期間の損傷が激しい場合に行う。
- 初夏の IS は、ベース芝の損傷が激しく、回復が遅れた場合に行う。

※芝品種／ **B**:バミューダグラス「リビエラ」、**PC**:ペレニアルライグラス「カタリナⅡ」、**KB**:ケンタッキーブルーグラス「ムーンライト」、**I**: インターメディエイトライグラス「サツキワセ」

## ■ 2007 年

| 実　施　日 | | 作　業　内　容　ほ　か |
|---|---|---|
| 3月 | 30日（金） | 芝生化打合わせ |
| 6月 | 23日（土） | 芝造成工事着工 |
| | 26日（火） | 張芝式 |
| 8月 | 30日（木） | 芝刈り・芝生完成 |
| 9月 | 25日（火） | WOS（I・PC・KB）＋目土 |

## ■ 2008 年

| 実　施　日 | | 作　業　内　容　ほ　か |
|---|---|---|
| 3月 | 14日（金） | OS（I・PC・KB）＋目土 |
| 6月 | 25日（水） | IS（B）＋目土 |
| 10月 | 3日（金） | WOS（I・PC・KB）＋目土 |

## 8．第8モデル校
# 京都市立鳴滝総合支援学校

2007年8月31日完成

京都市右京区音戸山山ノ茶屋町 9-2
TEL 075-461-3221

| | |
|---|---|
| 児童・生徒数 | 57人（2008年9月現在） |
| 芝生面積 | 約1,000㎡ |
| 芝品種と植栽方法 | 播種　暖地型：バミューダグラス「リビエラ」→初期工事では暖地型のみ播種<br>　　　寒地型：ペレニアルライグラス「ピザーズ」、ケンタッキーブルーグラス「ムーンライト」をWOS |
| 潅水方法・水源 | スプリンクラーによる自動潅水<br>水源：水道水 |
| 土壌改良 | 現地土約15cmに有機質改良材を加え耕うん、セラミック5％混入。 |
| 排水 | 表面排水 |
| 芝生化造成工事<br>担当：城南工建 | 下地造成工事　　※現地土壌改良、仕上造形<br>　土壌改良　　　※有材質改良材入り15cm<br>　種子播き工　　※初期工事は「リビエラ」のみ<br>　引渡しまでの維持管理　※潅水・施肥・目土・刈り込み等<br>　潅水器具設置　※水道水送水工事等含む |

# 京都市立鳴滝支援学校　維持管理記録

※芝刈り・施肥・潅水などの日常管理の実施は省略。
※ WOS・OS・IS：ベースの暖地型芝に対して秋に寒地型芝を播いて保護する（ウィンターオーバーシーディング＝ WOS）、同じく春に播く（オーバーシーディング＝ OS）。初夏にベースと同じ芝を播いて補修する（インターシーディング＝ IS）。
- 春の OS は、寒地型芝の冬期間の損傷が激しい場合に行う。
- 初夏の IS は、ベース芝の損傷が激しく、回復が遅れた場合に行う。

※芝品種／ **B**:バミューダグラス「リビエラ」、**PC**:ペレニアルライグラス「カタリナⅡ」、**KB**:ケンタッキーブルーグラス「ムーンライト」、**I**:インターメディエイトライグラス「サツキワセ」

## ■ 2007 年

| 実　施　日 | | 作　業　内　容　ほ　か |
|---|---|---|
| 3 月 | 13 日（火） | 現地使用状況調査 |
| 6 月 | 18 日（月） | 種子播き式 |
| 8 月 | 31 日（金） | 芝生完成式 |
| 9 月 | 22 日（土） | WOS（I・KB） |

## ■ 2008 年

| 実　施　日 | | 作　業　内　容　ほ　か |
|---|---|---|
| 3 月 | 31 日（月） | 芝生完成後 3 月末まで、維持管理は城南工建がが担当 |
| 6 月 | 21 日（金） | コアリング　＋　IS（B）＋ 目土 |
| 9 月 | 29 日（月） | スパイキング ＋ WOS（I・PC・KB）＋ 目土（10 上旬散布） |

## 9．第9モデル校
# 京都市立東総合支援学校

京都市山科区大塚高岩町3
TEL 075-594-5401

2008年9月2日完成

| | |
|---|---|
| 児童・生徒数 | 138人（2008年9月現在） |
| 芝生面積 | 約1,940㎡（校庭1,670㎡、スロープ270㎡） |
| 芝品種と植栽方法 | 播種　暖地型：バミューダグラス「リビエラ」（校庭）<br>　　　寒地型：バミューダグラス「リビエラ」、ケンタッキーブルーグラス「ムーンライト」、クリーピングレッドフェスク「ナビゲーター」3種混合をスロープ部分に使用 |
| 潅水方法・水源 | スプリンクラーによる自動潅水<br>水源：水道水 |
| 土壌改良 | 現地土約10cmに有機質改良材と山砂を加えて耕うん。新たに約15cm厚客土（有機質改良材入り）を補充、セラミック5％混入。 |
| 排水 | 表面排水 |
| 芝生化造成工事<br>担当：タキイ種苗 | 下地造成工事　　　※現地土壌改良、仕上造形<br>　客　土　　　　　※有機質改良材入り客土15cm<br>種子播き工<br>　　　※本グラウンドは「リビエラ」のみ、スロープ（日陰部分）は3種混合<br>引渡しまでの維持管理<br>　　　※潅水・施肥・目土・刈り込み等<br>スプリンクラー設置<br>　　　※水道水送水工事等含む |

# 京都市立東総合支援学校　維持管理記録

※芝刈り・施肥・潅水などの日常管理の実施は省略。
※ WOS・OS・IS：ベースの暖地型芝に対して秋に寒地型芝を播いて保護する（ウィンターオーバーシーディング= WOS）、同じく春に播く（オーバーシーディング= OS）。初夏にベースと同じ芝を播いて補修する（インターシーディング= IS）。
- 春の OS は、寒地型芝の冬期間の損傷が激しい場合に行う。
- 初夏の IS は、ベース芝の損傷が激しく、回復が遅れた場合に行う。

※芝品種／ **B**:バミューダグラス「リビエラ」、**PC**:ペレニアルライグラス「カタリナⅡ」、**KB**:ケンタッキーブルーグラス「ムーンライト」、**I**：インターメディエイトライグラス「サツキワセ」

## ■ 2008 年

| 実　施　日 | | 作　業　内　容　ほ　か |
|---|---|---|
| 4 月 | 21 日（月） | 学校・京都市教育委員会との会合 |
| 5 月 | 9 日（金） | 現地調査 |
| | 13 日（火） | 地域住民への説明会 |
| 6 月 | 6 日（金） | 学校・京都市教育委員会・施工業者との打ち合わせ |
| | 7 日（土） | 芝造成工事着工 |
| | 24 日（火） | 種子播き式 |
| 9 月 | 2 日（火） | 芝生完成式 |
| 10 月 | 6 日（月） | WOS（I・PC・KB）＋ 目土 ＋ ブラッシング |

## 10. 維持管理受託事業〈第1号〉
### 衣笠幼稚園・保育園・児童館

受託期間：2004年10月～2008年3月
京都市北区衣笠衣笠山町8番地
TEL 075-461-2243

| | |
|---|---|
| 園児数 | 約400人（保育園・幼稚園・児童館）（2005年5月現在） |
| 芝生面積 | 約800㎡（幼稚園600㎡＋保育園200㎡）→ 2006年からは幼稚園庭600㎡のみに |
| 受託内容 | 芝生の状態を安定的に保てるよう、維持管理のアドバイスと具体作業、資材の提供を受託<br>芝刈り・肥料散布・散水などの日常管理は、保育園側が行う |
| 受託以前の維持管理の記録 | 2002年6月 … 芝生の園庭完成「ひめの芝」→その後の利用ですぐに状態悪化<br>2003年夏 … ティフトンのランナーを播く→発芽するも過度の利用によりすり切れる<br>2003年冬 … 園庭中央部が裸地化、ティフトンは休眠<br>2004年夏 … ティフトンが復活し、夏場のみ緑の状態に保たれる |
| 芝品種と植栽方法（受託後） | 播種　暖地型：バミューダグラス「リビエラ」<br>　　　寒地型：ケンタッキーブルーグラス「ムーンライト」＋ペレニアルライグラス「ピザーズ」他のWOSを繰り返す |
| 潅水方法・水源 | スプリンクラーによる自動潅水＋手散き　　水源：水道水 |
| 排水 | 表面排水 |
| 年間維持管理 | 2004年10月～2005年9月、対象：800㎡<br>2005年10月～2008年3月、対象：600㎡ |

# 衣笠幼稚園・保育園　維持管理記録

※芝刈り・施肥・潅水などの日常管理の実施は省略。
※ WOS・OS・IS：ベースの暖地型芝に対して秋に寒地型芝を播いて保護する（ウィンターオーバーシーディング＝ WOS）、同じく春に播く（オーバーシーディング＝ OS）。初夏にベースと同じ芝を播いて補修する（インターシーディング＝ IS）。
- 春の OS は、寒地型芝の冬期間の損傷が激しい場合に行う。
- 初夏の IS は、ベース芝の損傷が激しく、回復が遅れた場合に行う。

※芝品種／ B：バミューダグラス「リビエラ」、PP：ペレニアルライグラス「ピザーズ」PC：ペレニアルライグラス「カタリナⅡ」、KB：ケンタッキーブルーグラス「ムーンライト」、I：インターメディエイトライグラス「サツキワセ」

## ■ 2004 年

| 実　施　日 | | 作　業　内　容　ほか |
|---|---|---|
| 9 月 | 4 日（土） | 現地視察　園長と会談　維持管理を受託 |
| 10 月 | 16 日（土） | WOS（PP・KB）＋目土 |
| | 25 日（月） | 芝刈り |
| | 26 日（火） | 肥料散布　適宜 |
| 11 月 | 2 日（火） | 芝刈り |
| 12 月 | 21 日（火） | 2 回目の WOS（PP・KB）→ベース芝の刈高が高すぎたため定着不十分 |

## ■ 2005 年

| 実　施　日 | | 作　業　内　容　ほか |
|---|---|---|
| 1 月 | 8 日（土） | 現地調査（芝質・密度・被覆率など園庭 6 区画に分けて調査） |
| | 22 日（土） | 目土 |
| 2 月 | 19 日（土） | 現地調査 |
| 3 月 | 19 日（土） | 現地調査　コアリング ＋ OS（PP・KB） |
| 5 月 | 14 日（土） | 現地調査 |
| 6 月 | 4 日（土） | 現地調査 |
| | 26 日（日） | 現地調査　コアリング ＋ IS（B） |
| 7 月 | 16 日（土） | 現地調査 |
| | 9 〜 12 日 | IS（B）　追播 |
| 8 月 | 6 日（土） | 現地調査 |
| 9 月 | 17 日（土） | 現地調査 |
| 10 月 | 23 日（日） | 現地調査　コアリング ＋ WOS（PP）＋ 目土 |
| 11 月 | 5 日（土） | 現地調査 |
| 12 月 | 1 日（木） | 現地調査 |

## ■ 2006 年

| | | |
|---|---|---|
| 3 月 | 18 日（土） | コアリング ＋ OS（PP） |
| 6 月 | 24 日（土） | IS（B） |
| 10 月 | 14 日（土） | コアリング ＋ WOS（PP・KB） |

■ 2007 年

| 3 月 | 13 日（火） | 現地調査 |
|---|---|---|
| | 17 日（土） | バーチカル ＋ OS（PC・KB）＋ 目土 |
| 7 月 | 7 日（土） | コアリング ＋ IS（B）＋ 目土 |
| 9 月 | 22 日（土） | WOS（I・KB）＋ 目土（作業は園側で行った） |

■ 2008 年

| 3 月 | 20 日（土） | コアリング ＋ OS（I・PC・KB）＋ 目土 |
|---|---|---|
| | | 維持管理受託事業修了 |

受託時

受託後

## 11. 維持管理受託事業〈第2号〉
### 大丸京都店屋上芝生広場

受託期間：2006年5月1日〜現在
京都市下京区四条通高倉西入立売西町 79
TEL 075-241-6956

| | |
|---|---|
| 芝生面積 | 約 475 ㎡（3 面合計） 床積載荷重：150kg/㎡（3ヶ所平均）<br>風圧（飛散防止）：225kg/㎡ |
| 受託内容 | 一年間を通じた芝質の安定化<br>芝刈り・施肥・エアーレーション・目土・薬剤散布など（潅水は大丸に委託） |
| 受託以前の<br>維持管理の記録 | 芝品種：3 草種混合（品種は不明）<br>トールフェスク・ケンタッキーブルーグラス・ペレニアルライグラスの混合 |
| 芝品種と植栽方法<br>（受託後） | 2006 年 9 月…受託前の芝が夏枯れたため、品種を更新するため新しい配合で播種<br>　　トールフェスク「ターヒールⅡ」「エンデバー」30%、ケンタッキーブルーグラス「ブルーベルベット」「ムーンライト」60%、ペレニアルライグラス「サイテーションⅣ」10%<br>2007 年夏〜…バミューダグラス「リビエラ」をオーバーシーディングして、ベース芝を順次切替える。<br>2007 年 9 月…WOS（Ⅰ・KB） |
| 潅水方法・水源 | 手動　　水源：水道水 |
| 排水 | 表面排水 |

受託時　　　　　　　　　　　　　　受託後

# 大丸京都店屋上　維持管理記録

※芝刈り・施肥・潅水などの日常管理の実施は省略。
※ WOS・OS・IS：ベースの暖地型芝に対して秋に寒地型芝を播いて保護する（ウィンターオーバーシーディング＝ WOS）、同じく春に播く（オーバーシーディング＝ OS）。初夏にベースと同じ芝を播いて補修する（インターシーディング＝ IS）。
  ・春の OS は、寒地型芝の冬期間の損傷が激しい場合に行う。
  ・初夏の IS は、ベース芝の損傷が激しく、回復が遅れた場合に行う。
※芝品種／ **B**:バミューダグラス「リビエラ」、**PC**:ペレニアルライグラス「カタリナⅡ」、**KB**:ケンタッキーブルーグラス「ムーンライト」、**I**:インターメディエイトライグラス「サツキワセ」

### ■ 2006 年

| 実　施　日 | | 作　業　内　容　ほ　か |
|---|---|---|
| 5 月 | | 受託後、週 1 回の芝刈り、月 1 回の施肥を行う |
| 9 月 | 2 日（土） | 寒地型芝 3 草種播種 ＋ 目土 → 受託前の品種を全て切り替え |

### ■ 2007 年

| 6 月 | | ベースをバミューダグラス「リビエラ」に順次切り替える |
|---|---|---|
| 9 月 | 27 日（木） | WOS（I・KB） |

### ■ 2008 年

| 10 月 | 12 日（日） | エアーレーション |
|---|---|---|
| | 14 日（火） | WOS（I・PC・KB）＋ 目土 |

資料編2

# NPO 芝生スクール京都方式
# 維持管理マニュアル

# 校庭芝生の1年間

オーバーシーディング時期をポイントとした維持管理マニュアル

〈NPO芝生スクール京都 2008.10.30、初版を一部改訂〉

## 校庭芝生の年間管理スケジュール

| 行 事 | 1月 | 2月 | 3月 | 4月 | 5月 | 6月 | 7月 | 8月 | 9月 | 10月 | 11月 | 12月 | 年間(回) |
|---|---|---|---|---|---|---|---|---|---|---|---|---|---|
| | | | 春休み | | | 夏休み | | | 運動会● | | 冬休み | | |
| オーバーシーディング | | | ● | | | | | | ● | | | | 2 |
| インターシーディング | | | | | | ● | | | | | | | 1 |
| コアリング | | | ● | | | ● | | | | | | | 2 |
| スパイキング | | | | | | | | | ● | | | | 1 |
| 目 土 | | | ● | | | ● | | | ● | | | | 3 |
| 施 肥 | ▲ | ▲ | ● | ● | ● | ● | ● | ● | ● | ● | ▲ | ▲ | 10 |
| 刈り込み(回) | 0 | 0 | 1 | 3 | 4 | 4 | 4 | 4 | 4 | 4 | 2 | 0 | 30 |

※ ▲：葉色の衰退など肥料切れ症状が確認された場合は量を調整して施す。

## 1　草種の選定

① 3月（オーバーシーディング）　→　（冬芝）　ライグラス　　＋　耐陰性ケンタッキーブルーグラス
② 6月（インターシーディング）　→　（夏芝）　バミューダグラス
③ 9月（オーバーシーディング）　→　（冬芝）　ライグラス　　＋　耐陰性ケンタッキーブルーグラス

＊耐陰性品種は日当たりの良好な場所では使用しなくてもよい。

## 2　品種および播種量

※9月のウインターオーバーシーディング後、冬芝の状態がよい場合は、3月のオーバーシーディングは不要。

① 3月（オーバーシーディング）

- ＊ライグラス　　　……ペレニアルライグラス「カタリナⅡ」10g/㎡
　　　　　　　　　　　インターメディエイト「サツキワセ」20g/㎡　　　40g/㎡
- ＊ケンタッキーブルーグラス…………………………「ムーンライト」10g/㎡

② 6月（インターシーディング）

- ＊バミューダグラス　　…………………………「リビエラ」10〜20g/㎡　　10〜20g/㎡

③ 9月（オーバーシーディング）

- ＊ライグラス　　　……ペレニアルライグラス「カタリナⅡ」20g/㎡
　　　　　　　　　　　インターメディエイト「サツキワセ」20g/㎡　　　55g/㎡
- ＊ケンタッキーブルーグラス…………………………「ムーンライト」15g/㎡

## 3　播種日（オーバーシーディングとインターシーディング）

① 実施予定日　　●3月中旬（春分の日より少し前）
　　　　　　　　●6月下旬（夏至前後）
　　　　　　　　●9月下旬（秋分の日の前後）
② 種子のまき方
　　種子を3～4等分して、縦・横・斜めにムラなく播種する。

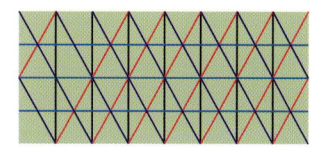

## 4　コアリング・スパイキング

①コアリング
　　3月および6月……播種前に実施。バーチカルを同時におこなうこともある。バーチカルカッティング後、切った根や茎はじゅうぶんに取り除く。
②スパイキング（コアリングより浅く直径も小さい穴あけ）
　　9月のみ……播種前に実施。

## 5　目土（砂）

年3回（3月・6月・9月）のインターシーディング、オーバーシーディング直後に、2～3mm厚で散布する。

## 6　刈り込みと刈り高

刈り高は25～30mm。草丈を5cm以上に伸ばさない。オーバーシーディング直前の刈り高は、種子が土に密着しやすいように通常より低くするのが望ましい（20mm程度）。

## 7　施肥

①N・P・K（チッソ・リン酸・カリウム）＝10・10・10を基準とする
　　1ヵ月当たり30～40g/㎡（30～40kg/1,000㎡）とする（葉色の濃さで判断する）。
　　1回当たりチッソ成分で3～4g/を目安として、1ヵ月分を2回に分けて散布してもよい。
②オーバーシーディングおよびインターシーディング時の施肥
　●3月……オーバーシーディング直後に散布してもよい。
　　　　　　※理由：ベース芝は休眠中、冬芝を早く生育させる。
　●6月……インターシーディング直後に散布してもよい。
　　　　　　※理由：ベース芝も種子も同時に生育させる。
　●9月……オーバーシーディングの2～3週間前までで散布を休止。
　　　　　オーバーシーディング後は、種子の発芽が確認されたら散布。
　　　　　　※理由：播種直後におこなうと、ライグラスやブルーグラスが発芽定着する前に、ベース芝（リビエラ）が肥料を吸収して繁茂するため、種子の定着が遅れる。とくに10月が高温の年はこの傾向が強い。

## 8　潅水

① 播種直後～発芽定着……原則として毎日（表面が乾かない程度）。
② 施肥直後……少し多めに。スプリンクラーで15～30分間。
③ 夏期および乾燥時……リビエラは旱ばつに強いので、基本的に潅水は必要ないが、乾燥が激しい場合は、早朝に15～30分程度の潅水をおこなう。
④ 種子播きの直前には、潅水をしない（濡れた葉に種子が付着して地面に落ちなくなる）

## 9　オーバーシーディング後の使用制限について

① 3月および6月の使用制限は、原則として必要としない。
② 9月は下降気温の状況でおこなうので、失敗すると修復の可能性はほとんどない。
　このため、播種後2回目の刈り込みが実施されるまでは使用を制限することが望ましい。

# 校庭芝生化
# 用語解説

# 校庭芝生化 用語解説

＊印の用語は、日本芝草学会・用語委員会編「芝草用語辞典」より全文引用しました。
※この用語解説は索引も兼ねております。（用語の右にページを掲載）

## あ

**アルカリ性**〔あるかりせい〕…P31、61、62
　　水に何かが溶けていると、その水溶液はアルカリ性、酸性、中性のいずれかの性質に分けられる。水に溶ける水酸化イオン（OH⁻）を生じる物質の性質をいう。

**暗渠排水**〔あんきょはいすい〕…P137、143
　　地表に滞留している水と地中の重力水（＝過剰水）を迅速に排除し、地下水位の低下を図る目的で設ける地下排水の一つ。その配列は魚骨形、くし形、自然形などで、降雨量、土性などにより吸水渠の深さ、間隔、勾配、管径を公式により決定する。

**アントシアン**〔anthocyan〕…P60
　　植物の花、葉、果実などに含まれる色素群。水に溶け、酸性で赤色、アルカリ性では青色を呈する。アントシアンは天然物中では普通アントシアニンとして配糖体（＝グリコシド）で存在することが多い。

## い

**移行**〔いこう〕→トランジション transition …P73、79、109、110

**移行地帯**〔いこうちたい〕…P27、33、36、79
　　温量指数によって日本を6気候区に分類。温量指数100℃以上の地帯では、寒地型芝草の適地とはいえない。関東は寒地型と暖地型芝草の適応の分かれ目に当たる。基本的に、関東以西の暖地を移行地帯という。→温量指数

**移植**〔いしょく〕…P53
　　栽培している植物を、それまで育てていた場所から異なった場所に植え込み、そこで育てること。

**イタリアンライグラス**〔Italian ryegrass〕学名 *Lolium multiflorum* …P37、74、75、108、109、110
　　1年生であるが条件が良ければ2年生、または短年生となる。草丈高く60～100cm、直立に生育する牧草である。地中海地方の原産でもっとも寒さに弱い。発芽定着が速く、一時的な芝生を作る目的で適期に播種すると、たちまち均一で新緑の芝生ができる。

**市松張**〔いちまつばり〕…P50
　　一定の大きさに切り取った芝片（ソッド）を、碁盤状に一つおきに空白を残して張る工法。

**イネ科雑草**〔いねかざっそう〕…P116
　　山野に生えているイネ科の雑草。オヒシバ、メヒシバ、エノコログサ、チガヤ、スズメノテッポウなど。

**イネ科植物**〔いねかしょくぶつ〕…P61、88、96
　全世界に広く分布し、食用など有用植物が多い。草本まれに木本で、そう生（直立に生育し、地際から束のように伸びる）するか地下茎から単立する。以前、か（禾）本科植物と呼ばれていた。各方面に広く利用され、芝草も大多数がイネ科に属する。芝草には、イネ科野草の中から、刈り込みや踏圧に耐える性質を見出された例が多い。

**インターシーディング**〔inter seeding〕…P76
　ある芝草の上から、同類の芝草を播種することをいう。

**インターメディエイトライグラス**〔Intermediate ryegrass〕学名 *Lolium hybridum* …P37、74、108、110
　ペレニアルライグラスとイタリアンライグラスを交雑（交配ともいう。個体間で受粉または受精を行うこと）して得られたもので、両者の短所をカバーする目的で育成された。ペレニアルライグラスからは優れた芝質と環境ストレス耐性を、イタリアンライグラスからは春のトランジションのスムースさを併せもつ。

## う

**ウインターオーバーシーディング**〔winter overseeding〕…P22、36、46、74、75、76、77、89、90、107、109、124
　秋に暖地型芝生の上に寒地型芝草を播種し、冬期間も緑の状態で利用する。夏期は再び暖地型芝草に戻す。オーバーシーディングに用いる寒地型芝草は、発芽定着が速く、冬も緑を保ち、暖地型芝草への移行（トランジション）がスムースな草種・品種を選ぶ。芝草タイプのライグラス類やファインフェスク類などが使用される。→オーバーシーディング

## え

**エアレーション**〔aeration〕…P70、103
　細い中空、棒状またはスプーンタイプのタイン（爪）で芝地に穴をあける通気作業。一般に芝生土壌は踏圧によって固結し、酸素不足で芝草の根の発達が損なわれる場合が多いので、このエアレーションを行って酸素を入れ換え、根の発達を促す更新作業の一つである。→通気作業

**永続性**〔えいぞくせい〕…P64、70、106
　同一の状態が長く続きうる性質。芝草の重要な形質の一つで、育種目標に取り上げられている草種が多い。

**栄養繁殖＊**〔えいようはんしょく〕…P37、40、50、75、99、101
　植物では、本来の種子繁殖に対し、茎、葉、根など栄養器官による繁殖をいう。古くから行われている、さし木、接木、取木、株分、さらに球根繁殖などがある。近年茎頂培養（生長点培養）などの組織培養も行われる。親植物（親株）と同一形質が得られるので、品種保存に有効で、成植物になるのも早い。栄養繁殖によって増殖された固体は栄養系（クローン）と呼ばれる。芝草では、多くの暖地型草種や一部の寒地型草種（クリーピングベントグラス）の品種が栄養繁殖によって殖やされている。

**腋芽**〔えきが〕…P35
　発達すると茎・葉・花などを形成する始原体（将来、いずれかの器官に分化し発達していく細胞あるいは細胞群のこと）をいう。通常は生長点を含む幼茎や幼芽が一体となって、さまざまな形状を示し、種類の識別にも役立つ。一定の部位に作られるものを定

芽、それ以外を不定芽という。また、茎の先端に生ずる芽を頂芽、葉腋に生ずる芽を腋芽という。芽は発達して一定の形となるが、その初期のものを幼芽と呼ぶ。葉となる芽を葉芽、花となる芽を花芽、両者が混じたものを混芽という。芽のまま越冬するものを冬芽といい、春から夏にかけて形成、発達するものを夏芽という。

**液相**〔えきそう〕…P34、41
　　土壌は固相、液相、気相からなっていて、三相の容積割合を三相分布という。このうち、液相とは土壌粒子間隙に保持されている土壌水のことで、容積比（％）で表示される。芝生の基盤土壌では、約25％が理想とされる。→三相分布

**越年生**〔えつねんせい〕…P109
　　秋に発芽し、翌年に開花、結実、枯死する植物で、生育期間が1年に満たないものをいう。生育期間が1年未満なので1年草に含めることもあり、年を越して生育することから2年草に含めることもある。イタリアンライグラスなどがこれに該当する。

**N. P. K**〔nitrogen, phosphorus, potassium〕…P49
　　チッソ（N）、リン（P）、カリウム（K）。植物の必須養分元素（生育に必要とされる元素）のうちの多量元素であり、これらをとくに肥料の3要素という。

**エンドファイト**〔endophyte〕…P109、111、112、113、125、126
　　endo＝内、内部の意、phyt(o)＝植物の意、の合成語で、一生あるいはそのほとんどを植物体内で生活するカビや細菌をいい、内生菌と訳される。現在、寒地型芝草で利用されているエンドファイトは、アクレモニウム属に含まれる糸状菌（糸状の細胞をもつ微生物の総称で主にカビを指す）が主なものである。アクレモニウム・エンドファイトの産出する毒素(アルカロイド)のうち、ペラミンとロリンアルカロイドは耐虫性物質とされる。エンドファイト強化草種はライグラス類とフェスク類などに限られている。

## お

**黄化現象**〔おうかげんしょう〕→クロロシス chlorosis …P60、61

**屋上緑化**〔おくじょうりょっか〕…P91
　　ビルの屋上に軽量土壌を盛り、芝草や草花、低木などを配植する。ヒートアイランド現象緩和に効果がある。

**オーバーシーディング**〔overseeding〕…P7、23、64、73、74、76、77、108
　　芝生・植生で地面が覆われているところに種子を播くこと。一般的には冬期間（晩秋から早春）に緑を保つために、暖地型芝草（ノシバ、コウライシバ、バミューダグラス類）が冬期休眠に入る前に、その上から寒地型芝草（ライグラス類、フェスク類など）の種子を播く作業のことをいう。

**温量指数**〔おんりょうしすう〕…P27、28、33、73、76、130
　　1年間の各月の平均温度が、5℃以上の月について、それぞれの平均値から5℃を引いた値の合計値をいう。

## か

**化学肥料**〔かがくひりょう〕…P62
　　植物が必要とする成分を供給する形で含み、その生長を促進し、必要な形状に仕上げるために土壌などに施されるものを肥料という。化学肥料はチッソ肥料、リン酸肥料、

カリ肥料、複合肥料に分ける。複合肥料には成分を組み合わせた配合肥料と化学処理を行った化成肥料がある。また肥料の形状から粒状肥料、粉状肥料、ペレット状肥料、固形肥料、液状肥料がある。

**学齢期運動不足症候群**〔がくれいきうんどうふそくしょうこうぐん〕…P12
児童・生徒の一日平均徒歩・背筋力指数・重心指数・50m走・持久走などの数値の低下として現われる。

**火山灰土壌**〔かざんばいどじょう〕…P81、31、52
火山からの噴出物、主に火山灰を母材とする土壌。一般に腐植(土壌中の有機物が分解、変性を繰り返し受け黒褐色の物質群に変わったもの)含量が高く、リン酸吸収力が大きい。

**化成肥料\***〔かせいひりょう〕…P62
肥料分類では、普通肥料、複合肥料の中の化学的に製造された肥料で、チッソ、リン酸、カリウムの三要素中、二成分以上が含まれている。固形で粒状のものが多く、施肥しやすい。三要素の含量30%以上のものを高度化学肥料、以下のものを低度(普通)化学肥料に分ける。

**刈り込み**〔かりこみ〕…P33、37、56、60、61、79、88、89、91、132
芝生の造成上でもっとも基本となる作業で、施肥、潅水などの他の作業と深い関係を持つ。芝生の生長部を定期的に取り除くことにより、芝生の密度維持、美観、レクリエーション利用、競技条件の確保、張芝生産などができる。芝草は刈り込みをしないと茎葉が徒長し、透光、通気が悪くなり、地際部は軟白となり、雑草が侵入したりする。逆に、刈り込みによって芝草は養分の損失、同化量の減少、浅根化、腿色(葉色があせること)、サッチの堆積などの障害も生じる。そのために施肥や目土、通気などの管理作業が必要となる。

**刈り込み頻度**〔かりこみひんど〕…P56
週、月、生長期単位当たりの刈り込み回数、または連続の刈り込み日数をいう。刈り込み頻度は、芝草の生長速度、利用目的、刈り高、環境条件などに応じて決まる。刈り込みによるストレスを少なくするため、葉面積の30～40%の範囲内の刈り取りですむような刈り込み頻度とする。

**刈り高**〔かりだか〕…P9、57、77、92、94
刈り高は、刈り込み機械の刈り取り部の刃の地表からの高さをさすので、刈り込まれた茎葉の長さは一致しない。実際には、芝草の方が高く刈り込まれる。床土の固さとかサッチの厚さなどによって、機械にセットされた高さと芝草の刈り込まれた高さとの間の差が生じる。刈り高は、芝草の生育型(株型やほふく型)、生長度合、土壌水分、気候(気温、降雨量)、芝生の利用目的によって決まる。一般に、校庭芝生の刈り高は、25～30mmで行われる場合が多い。

**環境ストレス耐性\***〔かんきょうすとれすたいせい〕…P60、76
作物の発育は病気、害虫、塩類、特殊な貴金属などや大気汚染、温度、水分や光などの環境ストレスの影響を受ける。多くの場合、これらの要因が正常な範囲からはずれたときにストレスとしてはたらく。水ストレスは植物根からの水吸収が蒸散に追いつかなくなったときに起こる。体の中が水不足の状態になると、植物は気孔を閉じて体からの蒸散を防ぐ。芝草は必ずしもその地域に自生していたものが植えられるわけでなく、

寒地や寒冷地では暖地型芝草は冬の低温、日照不足によるストレスが著しく大きく、暖地では寒地型芝草にとって30℃を超えるような高温や乾燥は大きなストレスになる。

**緩効性肥料**〔かんこうせいひりょう〕…P62
完全水溶性肥料よりも溶解割合が低くなるようにした肥料をいう。水をとおしにくい物質で被膜などして、徐々に分解・有効化する肥料。

**灌水**〔かんすい〕…P8、10、22、30、49、52、54、66、67、79、122
自然の降雨のように、水滴を小さくして散布する方法。芝生などに広く利用されている。灌水の場所や目的によって、地上固定型、地中埋設型、脱着型などの方式がある。
→散水

**寒地型芝草**〔かんちがたしばくさ〕…P26、33、34、36、46、51、65、72、73、74、76、77、89、102
冷涼気候を好み、気温15〜20℃の時もっとも良く生育するが、耐暑性に乏しい。常緑性の芝草で、古くから欧州中北部などの芝生に使われ、夏暑くならない地域に広く栽培される。主な草種にベントグラス類、ブルーグラス類、フェスク類、ライグラス類がある。日本では、寒・高冷地の芝生に適し、また各地のウインターグリーンに使われるが、暑い地方では夏期の病害対策などが必要である。

**管理作業**〔かんりさぎょう〕…P23
芝草は他の草種を混入させないことにより、均一な芝生としての価値がでてくる。そのためには、手間をかけた作業が必要となってくる。芝生の主な管理作業は、刈り込み、灌水、施肥、オーバーシーディング、目土、更新、補修、除草などである。

## き

**気相**〔きそう〕…P34、41
土壌の三相(固相、気相、液相)の一つ。芝生の基盤土壌では約25％が理想とされる。

**拮抗作用**〔きっこうさよう〕…P61
植物養分が根で吸収されるとき、共存する別の養分が吸収を阻害する現象をいう。例えば、カリウム過剰でマグネシウム欠乏の発生がある。

**基肥**〔きひ〕…P62、80
植えつけ前や播種前に施す肥料。基肥には初期から前半の生育を促進し、分げつを確保する働きがある。リン酸は施肥全量が基肥として施用され、チッソおよびカリウムは一部が追肥される。肥料の流亡しやすい砂質土では、基肥の割合を少なくし、追肥を多くする。作物の種類や栽培法によって基肥の施肥量は一定していない。元肥ともいう。

**キメ**〔texture〕…P74、76、82、131
木目、もくめ。芝草の葉身(葉の主要部分)の幅、葉先の形、配列からなり、芝生の品質を構成する一要素。小型の芝草(ベントグラスなど)が密生する状態をキメが細かいといい、大型の芝草(トールフェスクなど)のまばらな芝生はキメが粗いという。

**客土**〔きゃくど〕…P44、134、137、140、143、146、148、150、154
造成基盤の土壌構造が不良であるか、床土が老朽化し土壌改良または暗渠排水などによっても根本的改善ができない場合に、表層土を別の良質土におきかえることを客土という。芝地の客土は、床土として20〜30cmの厚さが必要。客土材料は、固結(人間や車両、機械の踏圧によって土壌が固く引き締まること)しにくく、透水のよいものを選ぶ。

吸水量〔きゅうすいりょう〕…P30
　　　植物が体内に水を取り入れる量。

休眠＊〔きゅうみん〕…P26、29、36、46、51、73、77、89、96
　　　植物の種子、芽などが発芽や生育に好適な環境条件の下におかれても発芽、生育を開始しない生理的状況にある状態を休眠という。種子の場合、成熟したときにすでに休眠状態にある場合には一次休眠と呼び、休眠性のない種子や一度休眠から覚醒した種子が発芽に適さない環境の下で休眠性を獲得した場合には二次休眠または誘導休眠と呼ぶ。これを上述の類型と対応させて環境休眠または強制休眠と呼ぶ。

競合〔きょうごう〕…P79
　　　植物は、光、水分、養分など、あらゆる競争に耐え生存を続ける。とくに、集団で栽培される芝草は、狭い面積に無数の個体が生育している。光、水、肥料、pHなど、その与えられた環境に敏感に反応し、互いに他と競合し、絶えず変化しながら生きている。

## く

クロロシス〔chlorosis〕…P61
　　　白化ともいう。クロロフィル（＝葉緑素）の生成に必要な元素の欠乏のため、植物体にクロロフィルが欠けて、ほとんどカロチノイド（動植物の体内に分布する色素の総称。黄色、橙から赤色などの色が多い。水に溶けず脂肪に溶ける）だけの色調になること。マグネシウムはクロロフィルの構成金属元素であること、またクロロフィルの生成には間接的に鉄とマンガンが必要であることから、これらの元素が欠乏すると白化が起こることになる。なお、ウイルス病による白化や黄化は退緑といわれることが多い。
　　　→黄化現象

## け

茎葉〔けいよう〕…P13、58、60、96、102
　　　一般には茎の一部を含んだ葉群を指していう。葉群の中の各葉はそれぞれ適当な位置を占めて、全体として調和のとれた光合成を行っている。イネ科植物は、そう生あるいは伏生の茎が分岐し、多くの葉をつけるので密な茎葉となる。この状態をスポーツなどに利用したものが芝生で、とくにこの傾向が強い植物が芝草である。芝草の密生した茎葉は美しく、軟らかく、弾力性があり、外力に対し強い抵抗性をもっている。

欠乏症状〔けつぼうしょうじょう〕…P61
　　　ある栄養素が不足しているときに現れる特定の症状。微量要素の欠乏症状など。

ケンタッキーブルーグラス〔Kentucky bluegrass〕学名 *Poa pratensis* …P37、38、46、47、74、76、89、90、91、106
　　　ユーラシア原産。世界中の冷涼で水分に恵まれた地帯および移行地帯で、もっとも重要かつ広範囲に用いられる芝草である。丈夫な地下ほふく茎が発達し、横に広がって芝地をつくり、傷害を受けても回復が速い。根系の発達はよいが、地表より15～20cmの範囲に集中する。激しい運動をする校庭芝生やスポーツ競技場に適する草種である。

## こ

**コアリング**〔coring〕…P7、70、71、77、120、122
　芝生地の通気作業の一種で、中空の筒（タイン）を地面に差し込んで土壌を抜き取る作業。コアリングには専用の機械があり、タインの大きさは直径6～19mm、作業深さは7～10cm程度のコアを抜き取り、間隔は5～10cmのものが多い。

**光合成**〔こうごうせい〕…P28、61、84、96、102
　植物が光エネルギーを利用して、二酸化炭素から有機化合物を合成する反応。通常、二酸化炭素と水から炭水化物と酸素がつくられる。光合成回路の違いによって、C3植物（寒地型芝草）とC4植物（暖地型芝草）に分かれる。

**孔隙**〔こうげき〕…P42
　土壌粒子と土壌粒子の間にはさまれた隙間や空間のこと。孔隙中には空気や水がつまっている。また、土壌粒子間に存在する隙間の量を孔隙量といい、その孔隙量を容積％で表したものを孔隙率という。

**更新**〔こうしん〕…P42、60、65、70
　芝生の補植、張替えなどのほか、芝生面を破壊せずに通気をはかり土壌の働きを回復させるとともに、サッチの分解を促進し、芝草や芝地の若返りをはかることを更新という。更新の効果は、土壌面では透水性の促進、通気性の改良、有害ガスの減少、弾力性の向上などがあり、芝生面では茎葉や根系の発達促進、耐旱性の向上、密度の増加などがあげられる。

**コウライシバ**〔Manilagrass〕学名 *Zoysia matrella* …P52、66、74、75、76、77、88、91、96、97
　コウシュンシバ大型種（*Z. matrella* var. *macrophylla*）を含み、葉幅の広さによって広葉（3.3～3.9mm）、中葉（2.7～3.3mm）、細葉（1.7～2.5mm）のコウライシバとそれぞれ区分した利用名でよぶことが多い。以前から小型の芝草をコウライシバ、カラシバなどとよび、コウライやカラの国から渡来したシバと考えられていたが、日本にも自生種が発見されている。

**固相**〔こそう〕…P41
　土壌三相（固相、液相、気相）の一つで、土壌粒子などの固体からなる。芝生の基盤土壌では約50％が理想とされる。

**根系**〔こんけい〕…P30、31、61、70、77、100、107、111
　根の張り方のこと。裸子（胚珠が裸出している）植物や双子葉（発芽時に2枚の子葉がつく）植物のように、はっきりとした主根と側根を持つものと、シダ植物や単子葉植物のように、ひげ根型のものとに大別される。芝草はひげ根型に属する。

**根茎**〔こんけい〕…P53、88
　間節をもつ地下茎。主茎または分げつ茎から発生し、各節から根や茎を出す。
　→地下茎

**混播**〔こんぱん〕…P47、74
　種類の異なる芝草種子を混合して播種すること。混生の利点を配慮して行う。供用種の発芽特性、生育度、競合性などを知ることが必要である。芝草では常緑型を中心に混播が行われることが多い。

## さ

**サイクロン**〔cyclone〕…P48、78
　遠心力を利用した回転式の散布機で、芝草の播種や肥料の散布などに使用する。均質な芝生にするために、縦・横・斜め方向に数回に分けて散布する。

**最大容水量**〔さいだいようすいりょう〕…P30
　土壌が保持できる水分の最大量で、土壌の全孔隙量が水分で占められているときの水分量をいい、飽和容水量ともいう。土壌から水分を取り去る力が全く働いていない状態の水分量。

**サッチ**〔thatch〕…P35、57、60、64、70、72、77
　芝生の茎葉の下層部に、枯死または活力の衰えた茎葉、刈りくずなどが密に混じった堆積層がつくられるが、これをサッチという。枯死した芝草茎葉の未分解状態の堆積層を指す場合もある。この層の形成は、芝生の生長速度や密生度さらに施肥、刈り込み、潅水など管理方法に大きく影響される。サッチの過大な堆積は、芝生の活性度の低下、肥料や水の地下への浸透妨害、病虫害の多発など有害作用がある。これを防ぐために、刈りくずの除去、エアレーションなどによる分解促進などを行う。一方、サッチは適度に肥料分や水分を保持し、除草剤の効果促進と薬害の発生を防ぐ。

**酸性土壌**〔さんせいどじょう〕…P31、122
　土壌の反応が酸性を示している土壌をいう。酸性度は、水素イオン濃度指数pHで表わされ、7を境界にpH＜7を酸性、pH＞7をアルカリ性とする。日本のように、気候が温暖で降水量も多いところでは、養分とくに塩基（酸を中和する能力のある物質）の流亡が多く、土壌が酸性になりやすい。

**三相分布**〔さんそうぶんぷ〕…P41
　土壌の三相は、固相、液相、気相のことで、その土壌内の容積割合をいう。三相の割合が芝草の根の生育、ひいては全体の生育に大きく関係する。

## し

**芝刈機**〔しばかりき〕…P56、58、59
　芝刈機は、リール式がもっともよく普及しており、その他にロータリー式やフレール式などがある。芝刈機は、小型から大型、自走、手押し、牽引によるものまで、数多くの機種があるので面積や利用目的に応じて選ぶことが必要である。→リールモア、ロータリーモア

**芝草**〔しばくさ〕…P35、56、62、63、64、84、89
　芝生の構成植物で、芝生用植物という。おおむね、草原植物に由来し、草丈低く地表を覆う地被植物である。性質は強健で生長旺盛、環境適応性大、踏圧や刈り込み抵抗性強く、多くはイネ科に属する。生態的に暖地型（夏緑型）と寒地型（常緑型）芝草があり、前者は温暖な地方に適し、一般に冬期地上部が枯れ、耐暑性は強いが耐寒性が弱いものが多い。後者は冷涼地方に適し、一般に周年緑も保ち、耐暑性、耐旱性、耐病性がやや弱い傾向がある。

**芝地**〔しばち〕…P88、89
　芝草によって被覆された土地および空間。ターフturf、ソッドsod、スウォードsward、なども同義語として使われる。

芝生〔しばふ〕…P6、7、21、59、63、64、72、82、83、88、89、90、91
　　本来は原野・路傍の低い均質な草地をさしていたが、後には人為的に造成された芝草を栽植した平坦な場所をさすことが多くなった。現在では、芝草が低く群生する場で、通常ある広がりをもつ開けた土地にあって、人々に有用な存在となり、有効に利用されることが多い空間を意味している。芝生の種類は、構成芝草の種類から単植芝生、混植芝生に分け、さらに、利用上から、庭園芝生、公園芝生、スポーツ競技場芝生、校庭芝生、ゴルフ場芝生、飛行場、堤防、のり面などがある。ローン lawn、ターフ turf、スウォード sward、ソッド sod、なども同義語として使われる。

シルト〔silt〕…P41、42
　　土壌粒子の大きさ（粒径）が粘土と細砂の間の無機質粒子（有機質を除いた全ての物質）をいう。一般には微砂と訳されている。土壌粒子の粒径区分は、国または研究の目的により多少異なっている。わが国の農学会法では、粒子の径が 0.01〜0.05mm とし、国際土壌学会法では 0.002〜0.02mm を、米国農務省（USDA）法では 0.002〜0.05mm としている。

## す

砂*〔すな〕…P41、42、44
　　細かい岩片や各種鉱物粒で粒径 2mm 未満、0.05mm 以上のものをいう。芝草では、米国農務省の分類法を採用している。粒径 2.0〜1.0mm（極粗砂）、1.00〜0.50mm（粗砂）、0.50〜0.25mm（中砂）、0.25〜0.10mm（細砂）、0.10〜0.05mm（極細砂）、0.05〜0.002mm（シルト）、0.002mm 以下（粘土）と区分する。

スパイキング〔spiking〕…P71、77
　　回転板についた棒状タインまたは先端を尖らせた刃で芝生や土壌表面を突き刺す作業をいう。土壌表面の荒れが小さいため、繊細な芝生の管理に適する。

スプリンクラー*〔sprinkler〕…P67
　　スプリンクラーには、全方向散水型と部分回転散水型の２つがある。駆動形式にはインパクト式とギア式がある。インパクト式は、ノズルからでる水流が順次スプリングがついた板にあたりながら回転するもので、もっとも普及している型である。水圧、水量が一定であることが効率のよい散水をするのに必要で、水圧が低いと水量が少なく、散水面積も小さく、水滴が大きくなる。

すり切れ〔すりきれ〕…P34、73、74、75、79、90、98、106、108、111、112、113
　　動物や人間の歩行やかけ足、車両通行などの踏圧、摩擦が原因で、芝生表面の茎葉に直接傷を生じ、切断されること。この抵抗性は芝草利用の上で重要な特性となる。

## せ

生長点〔せいちょうてん〕…P56、64、73、79、89、116
　　植物の茎、根などの先端にある部分で、細胞分裂を盛んに行い、新しい組織を作る部位のこと。

成立本数〔せいりつほんすう〕…P46
　　種子が土壌に播かれた場合、土壌の条件や水分が十分であっても、有効発芽数（種子の純度×発芽率×1g 当たり粒数の百分率）が 100%になるわけではない。発芽しても幼苗期に 20〜50%も枯死することもあり、それらのロスも考慮する必要がある。安定

した芝草を造成するためには、成立する芝草の本数も大切な要因となり、一般に1㎡当たり16,000～40,000本が理想とされる。

**積算温度**＊〔せきさんおんど〕…P28

温度を時間的に積算した値。実際には平均気温を積算することが多く、日単位では日積算温度、月単位では月積算温度などという。生物の生長段階、季節変化、生育限界などを説明する場合の指標、根拠などによく使われる。また、特定温度（例えば生育開始温度）との差を積算することも多い。芝草の播種期決定の条件としても使われる。

**節**〔せつ〕…P35、104

植物の茎で、葉、枝(分枝茎)、根などが付く部分になり、通常その内部構造が他と異なる。茎の内部に空隙があるイネ科では、この部分に隔壁を生ずる。節と節の間を節間という。

**施肥**〔せひ〕…P23、49、52、54

植物の生育を良好にして収量を増大させることを目的として、人為的に植物の必要養分を補給することをいう。また、芝草を刈り取ると、その中に含まれている養分は、土壌から外に取り出されることになる。土壌中の養分はそれだけ減少するので、その分を肥料で補う必要がある。

**全面張り**〔ぜんめんばり〕…P50

べた張りともいう。張芝の一方法で、切芝（ソッド）を隙間なく張る方法。活着すれば芝生がほぼ完成する。小面積の芝生造成によく用いられる。

## そ

**速効性肥料**〔そっこうせいひりょう〕…P49

水に溶けやすく、効き目の速い肥料のことで、硫安、尿素、硝安、塩安などは速効性のチッソ質肥料である。化成肥料の中にも水に溶けやすいものがあり、液状肥料は速効性肥料である。

## た

**耐陰性**〔たいいんせい〕…P29、37、46、47、74、107、108、113、132

日陰または部分日陰に耐えて、生存、生長する植物の能力をいう。草種によって異なるが、寒地型芝草のファインフェスク類は耐陰性が最強となっている。最近では、他の草種の中でも耐陰性に優れる品種が育成されている。バミューダグラスはノシバやコウライシバより、耐陰性は劣る。

**耐塩性**〔たいえんせい〕…P31、37、92、99

植物が塩分に耐えて生育する性質。耐塩性が問題となるのは、海岸植栽など土壌中の塩分の多い場所や風による海水の飛まつなどによる障害を生じる環境や、塩分を含む水を潅水などに使う場合などである。芝草ではノシバ、コウライシバ、バミューダグラス類などは耐塩性が強く、ベントグラス類、ブルーグラス類はあまり強くない。

**耐寒性**〔たいかんせい〕…P26、37、96、97、98、99、101、108

植物が低温に耐える性質をいう。雪や霜に対する耐雪性、耐霜性などを含んでいうこともある。クリーピングベントグラスは極強で、ケンタッキーブルーグラスは強、ノシバ、コウライシバ、トールフェスクは中位、ペレニアルライグラス、バミューダグラス類は弱い。

**耐旱性**〔たいかんせい〕…P30、37、61、96、98、104、109、110、131
　　　耐乾性、耐乾燥性ともいう。植物が生育に不適な乾燥条件に耐えて生存する能力。芝草では、根の吸水能力、水分貯蔵能力、蒸散抑制能力などがこれに関連する。バミューダグラス類、ノシバ、コウライシバなどが極強で、クリーピングベントグラス、イタリアンライグラスなどが極弱である。

**耐湿性**〔たいしつせい〕…P30、37
　　　生物が水分の多い環境に耐える性質をいう。耐湿性の強い植物には浅根性のものが多い。根の生活能力や酸素供給環境にも関係があり、水中に根があるとき、酸素含有量の多い流水の場合などは比較的生育がよいことが多い。耐湿性のある種類としてレッドトップ、バヒアグラスなどがあげられるが、多湿環境では一般に日照不足の場合とよく似た形状を示す。

**耐暑性**〔たいしょせい〕…P26、37、76、96、98、104、107、109、111、112、113
　　　植物が暑さに耐える性質をいい、耐熱性ともいう。芝草の利用地域を決める大きな条件として、耐寒性と並ぶ重要な形質である。耐暑性が極強なものは、ノシバやコウライシバ、バミューダグラス類、センチピードグラスなどの暖地型芝草である。

**耐踏圧性**〔たいとうあつせい〕…P34、37、43、98、108、132
　　　人間が芝生面を踏みつけることによって、芝生面にかかる圧力に対する耐性をいう。適度な踏圧は直立茎の分げつを促し、草の伸びも抑制されて、よりち密な状態の芝生になるが、過度になると芝生を損傷し、やがては裸地化する。→分げつ

**耐病性**〔たいびょうせい〕…P42、62、74、97、111、112、123、126、131
　　　植物体が病原体の侵入を受けたとき、病気にかかりにくい性質をいう。ノシバ、コウライシバなどの暖地型芝草は病害抵抗性が強く、寒地型芝草は弱いものが多い。耐病性の増強は、芝草の重要な育種目標となっている。

**暖地型芝草**〔だんちがたしばくさ〕…P26、33、34、36、46、51、65、72、73、74、75、76、77、79、89、96、98
　　　熱帯、亜熱帯気候に適応する芝草類で、生育適温は25～35℃。ノシバやコウライシバ、バミューダグラス類、センチピードグラス、カーペットグラス、セントオーガスチングラスなどがある。

**団粒構造\***〔だんりゅうこうぞう〕…P45
　　　土壌粒子は、集まって小塊状の団粒を形成するが、その状態が中心になる土壌構造をいう。土壌粒子そのものが主体となる単粒構造（土壌を形成する粒子が単一の形で存在し、集まって団粒になっていない状態のものをいう）と対比される。土壌空隙が大きく、複雑化し、土壌内の通気や保湿状態が良好になり、植物の生育によい影響を及ぼす。また、土壌浸食を防ぐことにもなる。その生成には、粘土粒子の存在、根や土壌微生物の活動などが関係していると考えられる。

## ち

**地下茎**〔ちかけい〕…P35、52、105、112、120
　　　多年生草本で形態的に茎の特長をもち、地下を浅く横走する根茎の一種である。芝草の中では、ブルーグラス類が代表的である。→地下ほふく茎

**鎮圧〔ちんあつ〕**…P49、52
　芝草種子を播いた直後に、種子を床土となじませ、表面を平らに仕上げるためにローラーで鎮圧する。また、張芝施工後に目土で目地を埋めると同時に、張芝が現地土と密着するように鎮圧する。土壌の毛管水（毛管作用によって土壌中の細孔隙に保持される水で、植物が利用できる有効水）の切断を防ぎ、乾燥害の防止に役立つ。

## つ

**通気作業〔つうきさぎょう〕**→エアレーション aeration …P67、70

## て

**定着〔ていちゃく〕**…P8、9、56、79、88、131
　播種後、発芽して一定の安定した芝生を形成・定着させること。張芝施工後、根や茎が生長して安定した芝生を定着させること。

**ティフトン〔Tifton〕**学名 *Cynodon dactylon* …P37、52、53、57、75、90、99
　米国ジョージア州ティフトンにある試験場にて育成された、ハイブリッドバミューダグラスの品種をいう。主なものにティフトン328（ティフグリーン）、ティフトン419（ティフウェイ）およびティフドワーフがある。いずれも3倍体（通常の植物体は基本染色体が対をなし、2倍体となっている）のため種子ができないので栄養系で増殖される。

## と

**透水性＊〔とうすいせい〕**…P8、9、42、45、52、70、77
　土壌における水の透過する度合いをいう。土壌の状態（主に物理性）が関係し、通気性とも関連がある。芝生は透水性良好であれば、根も深く入り、強健になる。透水性を定量的に示したのが透水係数で、水の流量をエネルギー勾配と透水係数の積で表わしている。一般には、水が土層を通過する速度の毎秒当たりの数値（cm/sec）で示す。水で飽和したときの係数である飽和透水係数は、土壌の存在場所などにより、ほぼ固有の値となる。

**トールフェスク〔Tall fescue〕**学名 *Festuca arundinacea* …P46、89、110、111、127
　ヨーロッパの原産。葉は粗剛で、葉幅も広く、広葉のフェスク（broad-leaved fescues）と言われている。多年生で草型は株状をなし、まれに短いほふく茎を冠部（茎葉が繁っている部分）より発生するものもある。根は強く粗剛で、寒地型芝草の中ではもっとも根系の発達がよい。草丈は30～50cmで、耐暑性やすり切れ抵抗性に優れるため、寒地でのスポーツ競技場に使用される。

**床土＊〔とこつち〕**…P41、50、51、53、54
　一般に苗床などの土をいうが、芝生では芝草を定着させるのに準備された土壌をいう。使用目的によって造成は多様であるが、芝地の床土は排水がよくなければならない。もっとも集約的につくられる床土（ゴルフグリーン）は、深さ40～50cmの全層構造で、基盤排水層（10cm＋管排水）、透水層（20～30cm）、植生層（10～15cm）の3層からなり、透水層は（粗）砂（1.0～0.1mm）、植生層は（粗）砂に土壌改良材、肥料を混ぜた人工床土でつくる。

**土壌改良〔どじょうかいりょう〕**…P22、43、48
　土壌を目的に適した状態に直すこと。農業では、土壌の物理性、化学性、微生物性

を改良し、植物の生育をよくし、生産力を上げるために行う。耕起もその一つであるが、その物理性、化学性の改善のために土壌改良材（剤）を施すことが多い。広義には砂も含まれる。無機質改良材には、パーライト、バーミキュライトなどの岩石の焼成材、有機質改良材にはピートモス、コンポストなどがある。芝草の場合は、わが国の土壌の多くが粘土質のため、透水性の改良がもっとも重要である。

**土壌硬度**〔どじょうこうど〕…P70
　土壌の硬さの程度をいう。土壌の固結度合、締め固まり度合を示す指標となる。芝生の基盤土壌が一定以上の硬さになると、芝草の根系の伸長も困難となり、生育に重大な影響を及ぼす。土壌硬度を簡便に測定する方法としては、山中式土壌硬度計があり、23mm以上を示す土壌では、何らかの更新作業を行った方がよいとされる。

**土壌粒子**〔どじょうりゅうし〕→シルト〔silt〕、砂…P41

**徒長**〔とちょう〕…P89
　光線不足や肥料過剰などにより、芝草が過度に伸長する現象。建物や樹木の陰の部分では、芝生は徒長しやすい。

**トランジション**〔transition〕…P73、74、75、76、77
　植生帯が別な植生へ移る境界などに現れ、暖地型芝草と寒地型芝草が共存する地帯を移行地帯という。これらの地帯では、基本的に芝生のベースは暖地型芝草であるが、これらの種類は冬期間に地上部が枯れて休眠する。そのため芝生の景観はもとより、踏圧やすり切れにより品質の低下や損傷が生じる。休眠前の暖地型芝草の上にライグラス類などの寒地型芝草を播種し、翌年〜初夏にベース芝に切り替えることをトランジションという。→移行

**ドロップシーダー**〔drop seeder〕…P48、78
　落下式の散布機で、芝草の播種や肥料の散布などに使用する。均質な芝生を育成するために、縦・横・斜め方向に数回に分けて散布するとよい。

**トンボ**〔とんぼ〕…P64
　スポーツグランドを均す、板状レーキのことをいう。芝生の目土を均すのに使用する。

## に

**日本芝\***〔にほんしば〕…P89、90、122、123
　日本に古来（明治時代以前）芝生用に植栽されてきた芝草を総称し、主に日本自生のシバ属植物である。中心は、シバ（俗名、ノシバ）、コウシュンシバ（俗名、コウライシバ）、コウライシバ（俗名、ヒメシバ）を加えた3種が主流となる。他にまれに使われるギョウギシバがある。いずれも暖地型（夏緑型）芝草である。

## の

**ノシバ**〔Japanese lawngrass〕学名 *Zoysia japonica* Steud. …P40、46、52、74、91、96、97
　北海道南部から沖縄まで自生しており、シバ類の中で分布はもっとも広い。他のシバ類より形状が大きく、性質はきわめて強健。地上および地下ほふく茎で広がり、密度の高いやや粗い芝生をつくる。

# は

**排水\***〔はいすい〕…P22、44、52

地表および地中の、とくに根圏から過剰な水を除去することをいう。芝草を健全に育てるには、地表の過剰水を速やかに排水することが重要である。過湿土壌での芝草は根が浅く生育もよくなく、通気性不良、病害の発生、踏圧による固結などを起こしやすい。排水不良や湿った土壌では、春季の地温の上昇が遅いなどの問題がある。排水をよくすることは、芝生の維持管理上もっとも基本となるものである。

**播種**〔はしゅ〕…P24、30、46、47、48、49、77、78

種子を播くこと。芝草の繁殖法の一つで、ほとんどの寒地型芝草と一部の暖地型芝草が種子播きで芝生をつくる。播種による芝生造成の成否は、芝草の種類や品種の選定、混合割合、床土づくり、播種方法、発芽後の養生など多くの要因が関与する。

**播種期**〔はしゅき〕…P46、77

播種の時期、ふつう播種適期をいう。植物の発芽特性、環境条件などで定まる。その時期を誤ると、植物の発芽・生育に悪影響を及ぼすが、利用目的によっては不適期を播種期にすることもある。芝草では、暖地型芝草の播種適期は晩春または初夏(15℃以上)である。この期間に播種すれば、秋温度が下がって生長が停止するまでの期間が長く、ターフになるまでに十分な日数を確保できるからである。一方、低温耐性のある寒地型芝草のほとんどは、早春から晩夏(13〜18℃)に播種すべきである。秋や晩秋の播種は、十分なターフに仕上がる前に低温を迎えることになるからである。

**播種量**〔はしゅりょう〕…P40、46、74、78

単位面積当たりに播く種子の割合 g/㎡をいう。播種量は芝草の種類、種子の純度と発芽率、発芽条件、使用目的などによって決まる。

**バーチカルカッター**〔vertical cutter〕…P67、71、72、75、76

芝生の地際から3cm位の深さで、3〜10cm間隔に取り付けた刃で垂直に切り込む機械。サッチの除去や芝草の垂れ葉のカット、芝生面の凹凸の修正あるいは茎葉の間引きを行う。

**発芽**〔はつが〕…P9、23、28、46、66、78、131

種子は、水分や温度などの外的環境が適切であると、種子内部の代謝が活発になり胚が生長を始める。幼根あるいは幼芽の先端が種皮(種子の周囲をおおっている膜)を破って出現するが、この幼根が外部に出ることを発芽という。

**バミューダグラス**〔Bermudagrass〕学名 *Cynodon dactylon* …P36、46、47、53、66、74、76、77、98、99

暖地型芝草の一種であり、種子で繁殖する。同じ仲間に、交雑によって育成されたハイブリッドタイプがあるが、これらは全て栄養繁殖である。耐踏圧性やすり切れ抵抗性に優れており、暖地の校庭芝生やスポーツ競技場に広く利用される。

**張芝**〔はりしば〕…P7、8、10、40、50、51、52、64、79、99

ノシバやコウライシバなどの造成法として、もっとも普及している。芝生産圃場であらかじめ生産したものを切芝(ソッド)として採取し、造成地に張りつける方法を言う。張芝には、全面張り(べた張り)、目地張り、市松張り、互の目張り、筋張りなどの方法がある。

## ひ

**ヒートアイランド**〔heat island〕…P85、91

都市部の気温が周辺部より高くなる現象をいう。ヒートアイランドは、海岸沿いの都市より内陸の都市で顕著に見られる。これは比較的温度変化の少ない海水が、大気を冷却しているためだと考えられている。ヒートアイランドの原因としては、樹木や緑地、裸地の減少による降雨の地面への浸透減少、ひいては蒸発、蒸散量の減少、さらに都市化によるコンクリートやアスファルトなどの人工物が増加し、太陽光の蓄熱、エアコンなどの人工的な排熱が増加したことなどによるとされる。

## ふ

**ファインフェスク**〔Fine fescue〕学名 *Festuca* spp. …P37、47、89

葉は細く、芽の中で巻き、基部の葉は多少円筒形に見える。葉身の幅は、1.6mm以下で、一般に細葉のフェスク (fine-leaved fescues) と言われている。レッドフェスク、チューイングフェスク、ハードフェスクがこれに属し、耐陰性に優れ、耐寒性も非常に強い。寒地では、スポーツターフに混合使用される。

**覆土**〔ふくど〕…P49

種子の乾燥を防ぎ、発芽を助けるために、播種後に土で覆うことをいう。一般に、種子の2～3倍厚の覆土を行うが、ベントグラスのような微細種子や発芽に光を必要とする好光性種子の場合は、播種後の覆土は行わず、鎮圧だけにとどめる。

**ブラシ**〔brush〕…P64、78

既存の芝生の上に、オーバーシーディングされた種子あるいは目土をブラシですり込んで、地表面に密着させる。

**分げつ**〔ぶんげつ〕…P33、35、60、64、108、112、113

芝草の冠部の基部節から発育した新芽や茎をいう。そのためイネ科植物は円状に密な株をつくり、これをそう状型（株型）という。

## へ

**ペレニアルライグラス**〔Perennial ryegrass〕学名 *Lolium perenne* …P37、38、46、47、74、76、89、108、110、127

草丈30～50cmの比較的短命な永年草で、分げつ力は強い。元来、温暖な冬の気候を好み、耐寒性や耐暑性、耐旱性は弱い。踏圧やすり切れには強く、強い分げつにより高密度の芝生を形成するので、校庭芝生やスポーツ競技場の芝生地に他草種と混合使用される。最近は暖地型芝草へのウインターオーバーシーディング用として広く利用されている。

## ほ

**萌芽**〔ほうが〕…P65、79、131

休眠などが解け、芝草の新芽が出現すること。

**保水力＊**〔ほすいりょく〕…P42

土壌の水分保持力をいう。植物の生育に影響が深い。土壌中の水分は土壌粒子構成とその孔隙状態に関係し、粒子面に吸着され毛管孔隙に保持される。植物にとっては保水性と排水性との釣り合いが重要であり、そのために土壌改良や客土などの対策が

考えられる。

**ほふく茎**〔ほふくけい〕…P35、64、72、75、88、96、97、98、99、100、106

ほふく枝、走出枝などともいう。芝草の地際から水平に伸び、地表ときに地中にわずかに入り横走する茎。一般に地上にあるものを地上ほふく茎といい、地中にあるものは地下ほふく茎または根茎として区別することもある。先端には芽をもち、途中の節から茎葉および根を生ずる。ほふく茎をもつ芝草は地表を速やかに広がり、被覆性が大きい。これを切取り、栄養繁殖の材料とする。芝草は日本芝を始め、ほふく茎をもつものが多く、芝生形成が速い。地下ほふく茎をもつ例としてケンタッキーブルーグラスがある。

## ま

**播き芝**〔まきしば〕…P38、52、53、54、64、79、80、99

芝草の栄養繁殖法の一つである。芝草のほふく茎をばら播き、その上に目土を薄くかけ、ローラーで鎮圧して仕上げる。種子繁殖のできないティフトンやコウライシバなどの芝生造成に採用されている。

**マット形成**〔まっとけいせい〕…P64、97

芝生の地際に葉、茎、根などの有機物が未分解のまま、黒色フェルト状に堆積したものをマットといい、サッチの下にあり土壌の一部のようになっている。マットは保水力が高く、不透水層になるため、エアレーションや目土を入れてマットの分解を促進する。

## み

**密度***〔みつど〕…P35、47、56、62、75、89

ある面積、容積内に存在する物質（植物では個体、種類など）の数量の程度をいう。芝生では、そのち密さの程度を示す言葉で、ターフグラスクオリティ（芝質）を構成する一要素である。中でも芝草の走茎密度は、ターフの仕上がりや厚さに関係が深い。

## め

**目地**〔めじ〕…P50

張芝を施工する時、切芝と切芝の間をあけて張る方法があり、その隙間のことをいう。

**目地張り**〔めじばり〕…P50

目地ををあけて張る方法で、面積の70％程度の材料を使用する。目地をあけると新しいほふく茎が伸びやすい。

**目土***〔めつち〕…P9、51、54、63、64、65、67、71、78

芝生表面に施すために、調整した混合土のこと。芝生表面を均平にし、ほふく枝やサッチ層に目土をすり込んでサッチの分解を促進する。また切芝、ほふく枝から芝生を造成する場合の覆土にも目土を用いる。目土入れ作業のことをトップドレッシングという。目土は芝生面に平均に施すために、レーキ、ブラシ、ほうき（箒）などですり込み作業を行う。

## ゆ

**有機質肥料**〔ゆうきしつひりょう〕…P62

生物に由来する肥料をいう。魚粕、骨粉などの動物質肥料、豆粕、ナタネ粕などの植物質肥料に分ける。広くは堆肥、きゅう肥、緑肥なども含まれる。

## よ

**養生**〔ようじょう〕…P8、9、10、20、21、23、40
芝生の保護、育成のために保養すること。

## り

**リールモア**〔reel mower〕…P58
らせん形のリールが回転し、モア底部に固定した刃（ベッドナイフ）と交差するときに芝草を刈り取るタイプのモア。

## る

**ルートマット**〔root mat〕…P70
主根と側根を含めた芝草の地下部全体を根系と称し、根系の広がりの範囲と密度をあわせて根張りという。根群が緊密に分布して土壌を堅く保持しているような状態のものをルートマットと呼ぶ。

## れ

**レーキ**〔rake〕…P49
農具の一種。短い鉄の歯をくし形に並べて柄をつけたもの。播種した後の床土やバンカー砂を均すのに使用される。

## ろ

**ロータリーモア**〔rotary mower〕…P58
回転板に取り付けられた刃が、水平方向に回転する構造になっている。刃が高速回転する勢いで、芝草の茎葉を切断するため、リール式のような切り口にはならない。作業効率が良いので、広い面積の芝生管理に適している。

**ローラー*** 〔roller〕…P49、50、51、53
円形断面をもち回転する機能を有するもの。農業では、転がして整地・鎮圧などを行う機具をいう。芝生ではその面を均平にならし、芝草の生育状態を調整するために用いる。

**ローンモア**〔lawn mower〕→芝刈機 …P58

## わ

**矮性**〔わいせい〕…P75、111
一般に生物の矮小形を示す特性、および矮小性を生ずること。植物の矮性は主として茎の節間生長が抑えられることから生ずる。遺伝的矮性は、普通、単一遺伝子の突然変異によるものであるが、ジベレリンやオーキシンなどの植物ホルモンの代謝や作用の異常など多面的な関連がある場合が多い。

# 引用・参考文献

1) 浅野義人、青木孝一編「芝草と品種」ソフトサイエンス社　1998
2) 安達　篤「寒地型芝草の特性と利用法①〜⑫」ゴルフ場セミナー　1993-1994
3) 上野博昭「ペットガーデン」株式会社グリーン情報　2006
4) 江原　薫「飼料作物学・下巻」養賢堂　1954
5) 財団法人関西グリーン研究所「ゴルフコース管理必携」1983
6) 喜多富美治「飼料作物」明文書房　1970
7) 北村文雄「芝生と芝生用植物」加島書店　1973
8) 北村文雄監修「公共緑地の芝生」ソフトサイエンス社　1994
9) 近藤三雄編「芝生の校庭」ソフトサイエンス社　2003
10) 社団法人ゴルファーの緑化促進協力会編「校庭芝生化のすすめ」株式会社日本地域社会研究所　2006
11) Turgeon, A.J. "Turfgrass management." Prentice-Hall Inc., NJ., USA, 1985
12) 中川洋一「寒地型芝草の特性について」関西グリーン研究所資料 No.302　1992
13) 中原久和、柳　久編「サッカー場の芝生造成と管理」ソフトサイエンス社　1994
14) 中村直彦編「ノシバ、コウライシバ」ソフトサイエンス社　1993
15) 西村修一ほか共著「飼料作物学」文永堂出版　1984
16) 日本芝草学会編「新訂芝生と緑化」ソフトサイエンス社　1988
17) 日本芝草学会・用語委員会編「芝草用語事典」日本芝草学会　2003
18) Hoover M.M., Hein M.A., Dayton W.A. and Erlanson C.O. "The main grasses for farm and home." U.S. Dept. Agr. Yearb., 639-700, 1948
19) Phillips Petroleum Company "Pasture and Range Plant", 1963
20) 真木芳助「芝草管理用語事典」一季出版　1997
21) 真木芳助、柳 久、大久保昌編「ベントグラス」ソフトサイエンス社　1991
22) 文部省「緑豊かな学校づくり」ソフトサイエンス社　1999

## ●●● あ と が き ●●●

　これまで芝生や芝草に関する参考書は、初心者向けの簡明な内容から専門家向けまで数多く出版されています。しかし、実際に校庭を芝生化するに当たって、芝草の種類や特性・利用方法、床土つくり、種子や苗芝の準備、潅水の方法や量、肥料の種類や施用方法、雑草や病気の見分け方など、何冊もの参考書を取り揃えなければなりませんでした。

　本書は、これから校庭芝生化に取り組む人々や、ある程度熟練した関係者まで幅広い人々を対象に利用できるようにとの思いから、広く浅く編集したものです。従って、記述した分野・内容によっては、説明不足の部分があるかとは思いますが、ご拝察の上なにとぞお許しいただきたいと思います。本書が校庭芝生化の広がりに少しでもお役に立てれば幸いです。


### NPO芝生スクール京都　役員

| | |
|---|---|
| 理事長 | 平井義久 |
| 副理事長 | 古瀬善啓　山田高士 |
| 理　事 | 池坊由紀　太田伊右衛門　奥原恒興　梶谷勲　加藤道彦 |
| | 木村光博　坂田洋一　竜田豊　中川洋一　藤原敏治　山田昌次 |
| | 吉田和正 |
| 監　事 | 上村正文　藤本圭司 |
| 特別顧問 | 細見吉郎　吉田忠嗣 |
| 顧　問 | 市田ひろみ　内田昌一　小堀脩　若山貴義 |
| 特別協力 | 川淵三郎　石原まき子　山口良治　松永真 |

### NPO芝生スクール京都
〒602-0003 京都市上京区新町通寺ノ内上ル3丁目大心院町14番地
　　　　　　フクエハイツ内
TEL. 075-441-0880　FAX. 075-441-0885
http://www.shibafu-school.com
Eメールアドレス　npossk@space.ocn.ne.jp

筆者代表　中川　洋一（なかがわ　よういち）

1945 年 長崎県佐世保市生まれ

帯広畜産大学・同修士課程および研究生在籍中に牧草の生態学・育種法を学ぶ。2 年間の高校教師を経て、タキイ種苗株式会社に入社。以後、35 年間にわたり芝草・牧草の推進・普及ならびに品種開発や新品種育成に従事。主な品種は、日本初のウインターオーバーシード専用品種・インターメディエイトライグラス「サツキワセ」の育成（2008 年 3 月・品種登録、2009 年 OECD 登録品種）。そのほかに、イタリアンライグラス「ワセフドウ」（2002 年 6 月・品種登録）、「タチサカエ」（2008 年 10 月・品種登録、2009 年 OECD 登録品種）、「ワセホープ」などの育成を担当。

2001 年 11 月より校庭芝生化プロジェクトに参加。2002 年 8 月、NPO 芝生スクール京都の理事に就任し現在に至る。共著に「芝草と品種」（ソフトサイエンス社）がある。

## 緑あふれる校庭づくり　芝生への挑戦

2009 年 4 月 22 日　　　初版第 1 刷発行

編　集　NPO 芝生スクール京都
発行者　中西健夫
発行所　株式会社ナカニシヤ出版
〒606-8161　京都市左京区一乗寺木ノ本町 15 番地
TEL 075-723-0111
FAX 075-723-0095
URL http://www.nakanishiya.co.jp/
e-mail iihon-ippai@nakanishiya.co.jp
郵便振替　01030-0-13128
印刷・製本　株式会社サンエムカラー

Copyright © 2009 by Shibafu School Kyoto　　　ISBN978-4-7795-0349-8
落丁本・乱丁本はお取り替えします。